国家自然科学基金项目（31871209）
教育部人文社科规划项目（16YJA890001）
陕西师范大学优秀著作出版基金资助出版

中学生慢性疲劳综合征分布、成因及生理机制研究

池爱平　著

北京体育大学出版社

策划编辑： 王英峰
责任编辑： 潘海英
责任校对： 吕　哲
版式设计： 久书鑫

图书在版编目（CIP）数据

中学生慢性疲劳综合征分布、成因及生理机制研究 / 池爱平著. -- 北京 : 北京体育大学出版社, 2020.12
ISBN 978-7-5644-3401-4

Ⅰ. ①中… Ⅱ. ①池… Ⅲ. ①中学生—慢性病—疲劳(生理)—综合—分布—研究②中学生—慢性病—疲劳(生理)—综合—成因—研究③中学生—慢性病—疲劳(生理)—综合—生理机制—研究 Ⅳ. ①R163

中国版本图书馆 CIP 数据核字（2020）第 244194 号

中学生慢性疲劳综合征分布、成因及生理机制研究　　池爱平　著
ZHONGXUESHENG MANXING PILAO ZONGHEZHENG FENBU CHENGYIN JI SHENGLI JIZHI YANJIU

出版发行： 北京体育大学出版社
地　　址： 北京市海淀区农大南路 1 号院 2 号楼 4 层办公 B-421
邮　　编： 100084
网　　址： http://cbs.bsu.edu.cn
发 行 部： 010-62989320
邮 购 部： 北京体育大学出版社读者服务部 010-62989432
印　　刷： 北京虎彩文化传播有限公司
开　　本： 710mm×1000mm　1/16
成品尺寸： 170mm×240mm
印　　张： 10
字　　数： 147 千字
版　　次： 2020 年 12 月第 1 版
印　　次： 2020 年 12 月第 1 次印刷
定　　价： 68.00 元

前　言

慢性疲劳综合征（chronic fatigue syndrome，CFS）是一组以长期持续疲劳为突出表现，同时伴有低热、头痛、咽喉痛、肌肉关节痛、注意力不集中、记忆力下降、睡眠障碍和抑郁等非特异性表现的一组症候群，体格检查和常规检查一般无明显异常。CFS 是一种典型的重度亚健康状态，长期工作和学习的精神压力、睡眠不足、运动不足等是导致 CFS 的诱因，最终可导致身体疾病的产生。中学生是一个特殊的群体，由于面临升学的压力和长期紧张的学习生活节奏，极易成为 CFS 群体，而 CFS 对中学生的身体健康会造成不可估量的危害。另外，为了反映与评估学生体质健康状况，教育部公布了《国家学生体质健康标准》，在提高学生体质健康水平方面取得了很好的效果。然而，在近几年中学生的体质健康测试和研究工作中发现，在一些跑步类的体育活动中，部分中学生运动中或运动后主诉不适、身体反应异常。实际上，造成中学生上述现象的原因不仅与其运动不足、运动方式不正确等表面的因素有关，更重要的原因可能与该群体本身身体积累的重度慢性疲劳有关系。

本书的第一章内容主要是通过问卷调查法，阐述了慢性疲劳综合征在中学生群体中的分布特征与主要形成原因；第二章内容主要是通过测试法，揭示了慢性疲劳综合征对中学生体质健康的负面影响；第三章内容主要是通过实验法，揭示了慢性疲劳综合征中学生不同时间段的生理特征；第四章内容主要是通过代谢组学的研究手段，阐明了中学生慢性疲劳综合征的代谢机制，为进一步防治中学生慢性疲劳综合征提供了一定的理论依据。CFS 的检测，仅仅依靠问卷调查法进行诊断是不够完整的，需要结合某些特异性变化的生理指标和生物化学指标，而这也是对 CFS 科学监控的必需条件。寻找和筛选诊断 CFS 特有的、易得的生物标志物具有必要性。本研究以所筛选出来的 CFS 中学生为调查对象，采集其身体上较易得到的样本，如头发、指甲、尿液等，对上述样本进行实验室检测，包括头发微量元素的检测、指甲角蛋白官能团特征的检测、机体氧化程度的产物（角蛋白3－硝基酪氨酸）的检测、尿液代谢物的检测，目的是形成一套有效的、易得的CFS诊断生物学检测标准，以更有效地获知一些与 CFS 相关的特异性的生理和生物化学指标的变化特征。本研究针对 CFS 中学生，设计了一个强度较小的台阶运动实验，将适宜运动作为一种辅助手段，通过测定 CFS 中学生和健康中学生在运动中和运动后的一些心血管生理指标的变化差异，找到其中的心血管生理指标的变化特征，并将其作为评价普通中学生能否参加大强度的体育活动的一个预警信号。这对预防CFS中学生大强度运动后异样生理损伤和猝死的风险，有积极的意义。此外，本研究论述了中学生慢性疲劳综合征的监控措施。首先，对于CFS中学生的分布情况，我国依然缺乏大范围的数据调查结果，而本研究对陕西省的中学进行了CFS问卷抽样调查，研究结果可为国家相关部门提供一个大概的CFS中学生分布情况。其次，根据调研结果，可以掌握 CFS 中学生群体甚至每一个 CFS 中学生个体的致病原因，根据这些主要影响因素的共性和个体特点，可以在教育部门、家庭和个人的配合参与下，采取针对性的措施来解决CFS中学生的问题。最后，对所筛选出来的CFS中学生，分别采用现场测试和实验室检测的方法，将其适度运动前后心血管生理学指标进行检测，并采集其尿液、指甲、头发等“易得性”样本进行生物化学标记物的检测，形成一套有效的中学生CFS的监控模式，这对改善CFS中学生的体质健康有一定的实际应用价值。

本书适合中学生及其家长、学校等教育管理部门和相关研究领域的研究人员阅读。本书的出版发行，受国家自然科学基金（31871209）、教育部人文社科规划项目（16YJA890001）和陕西师范大学优秀著作出版基金资助。由于编者水平有限，文中不妥之处，敬请读者指正。

池爱平

2020年4月

目　录

第1章

概　论

1　慢性疲劳综合征概述

慢性疲劳综合征（chronic fatigue syndrome，CFS）是一种典型的重度亚健康状态，由于长期的工作学习压力及睡眠不足、运动不足等，最终可导致身体疾病的产生。慢性疲劳综合征的症状比较复杂，患者除了感觉到持续的疲劳，同时还伴有低热、头痛、咽喉痛、肌肉关节痛、注意力不集中、记忆力下降、睡眠障碍和抑郁等以非特异性表现为主的症候群。对慢性疲劳综合征患者进行常规体检时，患者一般没有明显的病理异常，症状具有隐蔽性。然而，慢性疲劳综合征症状复杂多样，涉及多系统、多器官的病变。目前关于慢性疲劳综合征的发病机制的研究显示，其发病机制可能与氧化应激反应、病毒感染、内分泌系统紊乱、免疫功能低下、遗传因素、精神心理因素和社会环境因素有关[1-2]。

---

[1] 张拥波，胡松，刘占东，等. 慢性疲劳综合征的发病机制[J]. 国际神经病学神经外科学杂志，2010，37（1）：84-87.

[2] 侯晓勇，贾广坡，田连营，等. 慢性疲劳综合征发病相关机制探讨[J]. 河北医药，2015（16）：2463-2466.

2 慢性疲劳综合征的发病机制

2.1 氧化应激

氧化应激是指体内氧化系统与抗氧化系统的失衡，由于机体存在过剩的自由基，组织和细胞容易产生脂质过氧化。自由基是指由于共价键断裂导致轨道的最外层中含有孤立存在未成对电子的基团。自由基会引起生物分子损伤从而导致细胞结构和功能被广泛性地破坏，机体对自由基的产生与清除的动态平衡状态被打破，自由基代谢能力将会降低，机体将会出现一系列不良症状[1]，因此氧化应激被认为是导致衰老和疾病的一个重要因素。在受到外界的各种有害刺激时，机体会产生过多的高分子活性物质，这种物质就是自由基。过多的自由基会使机体氧化程度增强，而机体的抗氧化系统的清除能力不足以清除所有的自由基及其氧化产物，就会导致正常的细胞信号传导中断[2]，最终引起机体组织的损伤。这些高分子活性氧化物主要有活性氧类（reactive oxygen species，ROS）和活性氮类（reactive nitrogen species，RNS）。另有证据显示，慢性疲劳综合征增强体内的氧化应激和硝化应激并激活炎症。核转录因子（NFκβ）是调节炎症和氧化应激的主要上游介质，核转录因子的产生与慢性疲劳综合征的严重程度呈显著正相关，提示慢性疲劳综合征症状可通过提高机体的抗氧化能力而得到改善[3]。

此外，有学者在对慢性疲劳综合征的研究中，对患者血液中维生素 E 浓度进行监测，研究结果显示：慢性疲劳综合征组指标明显低于对照组，表明慢性疲劳综合征能够导致患者体内氧化程度增加；与此同时，实验者也观察到慢性疲劳综合征患者的肌肉中活性氧类和活性氮类等自由基含量超标的现象，患者

---

[1] 邢震宇，林小美. 有氧运动改善慢性疲劳综合征的生物学机制[J]. 浙江体育科学，2008，30（5）：124–126.

[2] 陈兵，贺娟，张春斌. 氧化应激的原理及作用[J]. 黑龙江医药科学，2014，37（6）：2–3.

[3] MAES M，MIHAYLOVA I，KUBERA M，et al. Not in the mind but in the cell：increased production of cyclo-oxygenase-2 and inducible NO synthase in chronic fatigue syndrome[J]. Neuro Endocrinology Letters，2007，28（4）：463–469.

机体内的线粒体出现功能障碍，损坏了肌肉的兴奋收缩耦联机制，肌丝滑行受到阻碍，使肌肉不能正常收缩，最终导致肌无力等症状的产生[1]。穆殿斌等学者在对慢性疲劳综合征的发病机制的探索过程中发现，患者血液中氧自由基的含量与慢性疲劳程度密切相关[2]，表明慢性疲劳综合征的产生可能与机体自由基清除障碍有密切联系。由上述研究可见，慢性疲劳综合征的病理机制可能与患者体内氧化应激的增加有关。有研究表明，慢性疲劳综合征患者体内的氧化还原系统处于失衡状态，即氧化能力强而还原能力弱。健康状态下机体内活性氧的产生和清除处于动态平衡状态，对身体并无大碍。但当人体受到一些有害的内源性或外源性刺激时，便打破机体原有的氧化还原平衡，导致活性氧大量生成且无法清除，进而形成氧化应激状态，产生大量的自由基；其中过氧化亚硝酸离子（$ONOO^-$）能够与在体内游离的酪氨酸或者蛋白质中的酪氨酸发生硝基化反应，生成 3–硝基酪氨酸（3–NT）[3–4]，从而引起蛋白质的结构和功能均发生变化，进而诱导细胞的损伤，引起一系列病理改变，这是自由基在体内的一种不良作用。

一般来说，指甲可以作为衡量健康的标准，其外观和微观结构在患病时会发生改变，而躯体疲劳和精神疲劳有时也会影响指甲的状况。人体指甲主要是由角蛋白组成。角蛋白是一种不溶性纤维状蛋白质，机体长期处于氧化应激状态势必会造成机体蛋白质等大分子物质的构成发生变化，这种变化也会影响角蛋白的构成。

---

[1] FULLE S，PIETRANGELO T，MANCINELLI R，et al. Specific correlations between muscle oxidative stress and chronic fatigue syndrome：a working hypothesis[J]. Journal of Muscle Research & Cell Motility，2007，28（6）：355–362.

[2] 穆殿斌，王德军. LBA、HLB 试验诊断慢性疲劳综合征的临床价值[J]. 山东医药，2002，42（19）：42–43.

[3] REN X Y，LI Y N，QI J S，et al. Peroxynitrite-induced protein nitration contributes to liver mitochondrial damage in diabetic rats[J]. Journal of Diabetes & Its Complications，2008，22（5）：357–364.

[4] 肖沉，孙莉，曹杉杉，等. 三七总皂苷抑制脑组织 3–硝基酪氨酸形成的体外研究[J]. 天津医药，2017（3）：229–233.

2.2 下丘脑－垂体－肾上腺轴功能紊乱

下丘脑－垂体－肾上腺轴（hypothalamic-pituitary-adrenal axis，HPA 轴）是神经内分泌系统的重要部分，参与控制应激反应，并调节许多身体活动。在慢性疲劳综合征的发病过程中，下丘脑－垂体－肾上腺轴与多种激素的合成环节障碍，以及神经内分泌调节机制紊乱等相关。下丘脑－垂体－肾上腺轴的功能性异常主要有以下几方面原因：下丘脑－垂体－肾上腺轴的活性降低，肾上腺皮质功能减退，对压力的促肾上腺皮质激素应答和对糖皮质激素负反馈敏感性增加。在对慢性疲劳综合征患者的下丘脑－垂体－肾上腺轴的研究中发现，相比于正常人，患病人群的血液中的促肾上腺皮质激素（ACTH）含量偏高，皮质醇含量偏低，尿液中的可的松（CORT）含量偏低[1]。研究还发现，一定量的促肾上腺皮质激素释放激素（CRH）可以对促肾上腺皮质激素的释放有一定的减弱作用。一些研究人员对慢性疲劳综合征患者的下丘脑－垂体－肾上腺轴功能进行研究，在进行的促肾上腺皮质激素释放激素试验结果显示，慢性疲劳综合征患者的皮质醇出现下降的症状，此作用仅在生命早期应激缺失的慢性疲劳综合征患者中出现，因此，慢性疲劳综合征患者存在下丘脑－垂体－肾上腺轴功能降低同时伴有糖皮质激素的负反馈增强[2]。上述研究提示，慢性疲劳综合征患者神经内分泌系统存在紊乱的现象。

2.3 病毒感染

目前研究发现，慢性疲劳综合征可能与 EB 病毒（人类疱疹病毒 4 型）、人类疱疹病毒 6 型和 7 型、人类嗜 T 淋巴细胞病毒 1 型和 2 型、丙型肝炎病毒、肠道病毒、流感病毒、巨细胞病毒等多种病毒有关[3]。隆巴尔迪（Lombardi）

---

[1] DEMITRACK M A，CROFFORD L J. Evidence for and pathophysiologic implications of hypothalamic-pituitary-adrenal axis dysregulation in fibromyalgia and chronic fatigue syndrome[J]. Annals of the New York Academy of Sciences，1998，840（1）：684－697.

[2] 王杨. 慢性疲劳综合征患者HPA轴及5－HT系统的神经内分泌机制及中西医治疗进展[J]. 中国中医药现代远程教育，2016，14（19）：143－146.

[3] 李永杰. 慢性疲劳综合征中的病毒感染性因素研究进展[J]. 国外医学（神经病学神经外科学分册），2003，30（6）：526－529.

等在对慢性疲劳综合征患者外周血单核细胞进行检测过程中发现，其中 67% 的患者感染了一种异嗜性小鼠白血病病毒相关病毒的逆转录病毒，而健康对照组中只有 3.7%的动物携带此病毒[1]。细胞培养实验证实，病人来源的异嗜性小鼠白血病病毒相关病毒具有感染性。以上研究显示，病毒感染可能是导致慢性疲劳综合征产生的重要因素之一。

2.4 免疫功能失调

机体免疫功能下降可能是慢性疲劳综合征产生的重要因素之一，患者体内变化的主要特点是自然杀伤细胞的活性降低。怀特塞德（Whiteside）采用跟踪调查的方法，对数名慢性疲劳综合征患者进行了 22 个月的监测，在研究中发现患者体内的自然杀伤细胞活性持续降低[2]。格拉泽（Glaser）在其对慢性疲劳综合征发病原因影响的研究中得到与怀特塞德相似的观点，除此之外，他认为患者过大的心理压力也是造成慢性疲劳综合征的重要原因之一[3]。慢性疲劳综合征患者可能有异常活化的 T 淋巴细胞亚群，减少抗体依赖细胞介导的细胞毒作用[4]。在伴有 HHV-6 和 HHV-7 双重感染的慢性疲劳综合征患者中，外周血 T 淋巴细胞亚型 $CD3^+$和 $CD4^+$显著减少，$CD95^+$显著增加，$CD4^+/CD8^+$比值下降[5]。另有研究表明，慢性疲劳综合征患者在 T 淋巴细胞和自然杀伤细胞活化方面存

[1] LORENZO L，MIKHAYLOVA S V，ENRICA C，et al. Immunological aspects of chronic fatigue syndrome [J]. Autoimmunity Reviews，2009，8（4）：287−291.

[2] WHITESIDE T L，FRIBERG D. Natural killer cells and natural killer cell activity in chronic fatigue syndrome[J]. The American Journal of Medicine，1998，105（3A）：27S−34S.

[3] GLASER R，KIECOLT-GLASER J K. Stress-associated immune modulation：relevance to viral infections and chronic fatigue syndrome[J]. The American Journal of Medicine，1998，105（3A）：35S−42S.

[4] MIHAYLOVA I，DERUYTER M，RUMMENS J L，et al. Decreased expression of CD69 in chronic fatigue syndrome in relation to inflammatory markers：evidence for a severe disorder in the early activation of T lymphocytes and natural killer cells[J]. Neuro Endocrinology Letters，2007，28（4）：477−483.

[5] CHAPENKO S，KRUMINA A，KOZIREVA S，et al. Activation of human herpesviruses 6 and 7 in patients with chronic fatigue syndrome[J]. Journal of Clinical Virology，2006，37（Suppl 1）：S47−S51.

在缺陷，提示慢性疲劳综合征与运动后应激反应减弱、自然杀伤细胞减少、补体浓度降低等免疫失衡有关[1]。上述研究结果提示，慢性疲劳综合征患者体内存在免疫功能失调的现象。

2.5 遗传因素

早期研究发现，慢性疲劳综合征患者的白细胞 II 型抗原表达与对照组相比有显著差异。据此认为，慢性疲劳综合征的发病与遗传有关[2]。史密斯（Smith）等最近的研究发现[3]，母亲有慢性疲劳综合征的儿童的慢性疲劳综合征发生率高于母亲没有慢性疲劳综合征的儿童。这表明家庭和遗传因素可能是慢性疲劳综合征的发病原因之一。

2.6 心理应激

近年来，有越来越多的国内外研究文献显示，心理应激状态、精神状态与慢性疲劳综合征的发生有密切联系。有学者认为，慢性疲劳综合征主要诱因就是心理因素[4]，慢性疲劳综合征是一种心身疾病中的神经系统疾病。美国有研究报告显示[5]，如果一个成年人在儿童时期受过心理创伤，之后他患慢性疲劳综合征的概率会比正常人高 6 倍。此外，还有一种心理学理论认为[6]，慢性疲

---

[1] BASSI N，AMITAL D，AMITAL H，et al. Chronic fatigue syndrome：characteristics and possible causes for its pathogenesis[J]. Israel Medical Association Journal，2008，10（1）：79－82.

[2] WALSH C M，ZAINAL N Z，MIDDLETON S J，et al. A family history study of chronic fatigue syndrome[J]. Psychiatric Genetics，2001，11（3）：123－128.

[3] SMITH M S，BUCHWALD D S，BOGART A，et al. Adolescent offspring of mothers with chronic fatigue syndrome [J]. Journal of Adolescent Health，2010，46（3）：284–291.

[4] 张颖，黄希庭. 慢性疲劳综合征的心理影响因素及其机制[J]. 保健医学研究与实践，2012，9（4）：59－62，66.

[5] JACKSON H，MACLEOD A K. Well-being in chronic fatigue syndrome：relationship to symptoms and psychological distress[J]. Clinical Psychology & Psychotherapy，2017（4）：859–869.

[6] OKA T.Influence of psychological stress on chronic fatigue syndrome[J]. Advances in Neuroimmune Biology，2013，4（4）：301－309.

劳综合征实际上是心理症状躯体化的表现，当患者压抑时，将诉说躯体症状如疲劳、骨骼肌疼痛来代替抑郁和焦虑等心理状态。

2.7 社会环境因素

社会环境因素同样对慢性疲劳综合征有着重要的影响，是引发慢性疲劳综合征的病因之一。有学者通过对一批慢性疲劳综合征患者进行问卷调查发现，职业压力、学习压力和社会压力都是影响因素，而学习压力的影响最为明显[1]。上述研究结果说明，慢性疲劳综合征的患病率与城市环境、工作环境和生活环境相关。

3 慢性疲劳综合征的诊断

目前对慢性疲劳综合征的诊断没有一致性的解释，也没有相关的特异性实验室指标。1994 年，美国疾病预防控制中心（Centers for Disease Control and Prevention，CDC）修订了慢性疲劳综合征的诊断标准（简称“CDC–1994 标准”）[2]，该病征必须达到三个条件：①排除其他疾病原因，患者反复出现疲劳，这种慢性疲劳经过休息后未能缓解。②患者同时出现下列症状中的 4 项或 4 项以上：不能解乏的睡眠、新发或严重的头疼、注意力难以集中或间断性记忆力下降、咽喉痛、关节疼痛但无关节红肿、肌肉痛、颈部或腋窝淋巴结肿大或触痛、疲劳后不适。③患者具有上述症状持续时间大于 6 个月。也有一些研究人员认为：慢性疲劳综合征的诊断除按照上述筛选问卷之外，还应该结合慢性疲劳综合征的实验室检测结果才能更加准确[3]。

---

[1] TERZI R，ALTIN F. The prevalence of low back pain in hospital staff and its relationship with chronic fatigue syndrome and occupational factors[J]. Joumal of the Turkish Society of Algology，2015，27（3）：149－154.

[2] KENNEDY G，ABBOT N C，SPENCE V，et al. The specificity of the CDC-1994 criteria for chronic fatigue syndrome：Comparison of health status in three groups of patients who fulfill the criteria[J]. Annals of Epidemiolog，2004，14（2）：95－100.

[3] TOORRES－HARDING S R，JASON L A，TAYLOR R R. Fatigue severity，attributions，medical utilization，and symptoms in persons with chronic fatigue[J]. Journal of Behavioral Medical，2002，25（2）：99－113.

除CDC−1994标准所列出的症状之外，许多慢性疲劳综合征患者常见的症状还有：过敏、认知功能损害、睡眠障碍、感染、消化功能紊乱等[1]。实验室检查生理生化指标有助于慢性疲劳综合征的诊断，主要检测指标有：血常规、尿常规检测分析；病毒感染的检测，如巨细胞病毒、人类疱疹病毒；免疫系统检测，如检测自然杀伤细胞计数、干扰素、肿瘤坏死因子、白细胞介素等；运动辅助下指标检测，如运动后皮质醇水平降低、脑血流量减少、血糖利用率降低、呼吸不规则等[2]。在前期的动物实验研究中，本研究初步探索了慢性疲劳综合征的代谢机制。研究结果显示，患有慢性疲劳综合征大鼠的能量代谢系统、免疫系统的代谢通路均出现紊乱的现象，而且根据差异代谢物的检测与筛选，推测其认知、学习和记忆能力可能存在减退趋势，这与慢性疲劳综合征患者的相关病症是符合的[3]。

对于病毒感染检测方面而言，只能针对由于病毒感染导致的慢性疲劳综合征，而不能确认其他类型慢性疲劳综合征。对于免疫系统检测和神经内分泌因素检测，研究结果也存在争议。因此，寻找和筛选诊断慢性疲劳综合征特有的、易获得的生物标志物具有必要性。众所周知，人体的一些代谢物，如尿液、指甲、头发等，这些样本容易采集且对身体无创伤，并能够很好地反映人体的氧化程度和代谢状态，因此很多学者通过对这些样本的检测，根据样本反应的相关生化指标的检测结果，来解释慢性疾病的发病机制，进而制定相应的生物学检测标准。柯杰兵等人研究认为，慢性疲劳综合征患者在运动后，其生理指标与机体代谢物会显现出差异性的变化，因此施加一定的运动负荷是慢性疲劳综合征检测的一种有效辅助手段[4]。

综上所述，人们应该根据调查问卷法对所测试的人群进行慢性疲劳综合征

---

[1] 李莉，卢洪洲. 慢性疲劳综合征研究进展[J]. 内科理论与实践，2009，4（4）：331−333.

[2] 石阶瑶. 青少年慢性疲劳综合征的流行特征及影响因素研究[D]. 苏州：苏州大学，2014.

[3] LLDYD S，CHALDER T，SALLIS H M，et al. Telephone based guided self-help for adolescents with chronic fatigue syndrome：a nonrandomized cohort study[J]. Behaviour Research and Therapy，2012，50（5）：304−312.

[4] 柯杰兵，马文丽，林建棣，等. 运动对女性慢性疲劳综合征患者外周血单核细胞基因表达影响的实验[J]. 中国临床康复，2006，10（16）：107−109.

的初步筛选，再结合慢性疲劳综合征的某些特征性的生理指标和生物化学指标的变化进行确诊，这样的检测结果才相对可靠与科学。

4 运动与中学生慢性疲劳综合征

慢性疲劳综合征的临床表现往往被认为是亚健康状态的一种，若不对其治疗，则会使病情严重[1]。由于慢性疲劳综合征病因尚不明确，目前现代医学缺乏有针对性的、疗效满意的治疗手段，而药物治疗不能有效地控制其发展，且毒、副作用大[2-3]。因此，非药物疗法是治疗慢性疲劳综合征的主要手段。非药物疗法包括认知疗法、运动疗法、中医疗法等。认知疗法的有效性较低，而中医疗法较为复杂，占用时间较长，不适合中学生。相比之下，运动疗法最适合中学生慢性疲劳综合征的康复治疗，并且体育锻炼能够提高中学生的认知能力[4]。

中学生是一个特殊的群体，由于面临升学的压力和长期紧张的学习生活节奏，他们容易成为慢性疲劳综合征的易感人群。而患有慢性疲劳综合征的中学生，其体质健康会受到影响。近几年来，为了反映与评估中学生体质健康状况，教育部、国家体育总局试运行了《国家中学生体质健康标准》，在提高中学生体质健康水平方面得到了很好的效果，并根据新的形势对其进行了几次大的修改和完善。然而，在部分运动中或运动后，许多中学生主诉不适、身体反应异常。实际上，中学生上述现象的产生不仅与其运动不足、运动方式不正确等表面的因素有关，更重要的原因可能与该群体本身身体积累的重度慢性疲劳有关。

然而，我国目前依然缺乏大范围的中学生慢性疲劳综合征分布的调研数

[1] CAIRNS R，HOTOPF M. A systematic review describing the prognosis of chronic fatigue syndrome[J]. Occupational Medicine，2005，55（1）：20-31.

[2] SHEPHARD R J. Chronic fatigue syndrome：a brief review of functional disturbances and potential therapy[J]. Journal of Sports Medicine & Physical Fitness，2005，45（3）：381-392.

[3] RIMES K A，CHALDER T. Treatments for chronic fatigue syndrome[J]. Occupational Medicine，2005，55（1）：32-39.

[4] 宋姗姗. 体育锻炼对青少年认知功能的影响[D]. 南京：南京师范大学，2014.

据。特别是西部地区，几乎未见其他研究人员报道。对于中学生慢性疲劳综合征的监控与防治，需要研究机构与教育管理部门共同关注与研究。对于基层中学，更需要清楚掌握本校中学生慢性疲劳综合征分布情况，还需要掌握每一个患慢性疲劳综合征的中学生实际状况，以便采取一系列处理措施与防范措施，同时将上述情况记录在“国家中学生体质健康测试档案”中，进行后期跟踪，从根本上改善中学生的体质健康。

第2章

中学生慢性疲劳综合征的分布与成因

1 概　　述

国外对慢性疲劳综合征分布的研究开展较早，美国早在20世纪80年代就开始了对慢性疲劳综合征的大样本调查，发现成人慢性疲劳综合征患病率为1%；1998年日本的研究发现，发展中国家的慢性疲劳综合征人数比例要高于发达国家。近年来的研究发现，慢性疲劳综合征人群呈现低龄化趋势，因此，青少年慢性疲劳综合征成为人们研究的一个新的热点，美国的萨曼莎·劳埃德（Samantha Lloyd）、英国的本·卡茨（Ben Katz）等人通过调查研究发现，在美国、英国的慢性疲劳综合征患者中青少年比例为 0.19%～2%[1-2]；日本的川谷顺子（Junko Kawatani）等人报道了日本青少年慢性疲劳综合征患病率约为2.8%[3]。在我国，研究人员对青少年慢性疲劳综合征的研究报道相对较少。苏州大学的一

---

[1] LLOYD S，CHALDER T，SALLIS H M，et al. Telephone based guided self-help for adolescents with chronic fatigue syndrome: a nonrandomized cohort study[J]. Behaviour Research and Therapy，2012，50（5）：304－312.

[2] KATZ B Z，BOAS S，SHIRAISHI Y，et al. Exercise tolerance testing in a prospective cohort of adolescents with chronic fatigue syndrome and recovered controls following infectious mononucleosis[J]. The Journal of Pediatrics，2010，157（3）：468－472.

[3] KAWATANI J，MIZUNO K，SHIRAISHI S，et al. Cognitive dysfunction and mental fatigue in childhood chronic fatigue syndrome-A 6-month follow-up study[J]. Brain and Development，2011，33（10）：832－841.

项抽样调查结果显示：苏州部分地区的青少年慢性疲劳综合征人数比例接近 1%，潜在的慢性疲劳综合征青少年人数超过 12%[1]。笔者等人于 2015 年对陕西省延安地区的 12 所高级中学进行了中学生慢性疲劳综合征的调查，结果显示男生慢性疲劳综合征检出率为 3.67%，女生慢性疲劳综合征检出率为 4.32%[2]。

2 研究对象与方法

2.1 研究对象

本章主要对中学生慢性疲劳综合征的分布与成因进行研究。本章抽取了陕西省 20 所普通中学、3 所职业高中和 3 所高三复读学校共 10 000 名中学生进行问卷调查。如表 2-1 所示，被调查的中学生来自城市和农村，被调查的中学也涵盖了不同的办学层次，包括初中、高中、职业高中、复读学校，因此，学校与中学生的选择覆盖面较广，具有较好的代表性。

表 2-1 调研的陕西省学校分布情况 N=26

类别		数量	名称
普通中学	初级中学	6	渭南初级中学、甘泉县初级中学、华县城关中学、育红中学、临潼育才中学、高陵中学
	高级中学	8	志丹县高级中学、安塞高级中学、凤县中学、千阳中学、渭滨中学、临潼中学、延安中学、黄陵中学
	完全中学	6	华清中学、咸阳彩虹中学、育才中学、铜川市第一中学、景丰中学、铜川市第三中学
职业高中		3	榆林市职业教育中心、定边县职业教育中心、神木职业技术学院高中部
高三复读学校		3	渭南集才补习学校、西安康桥补习学校、西安龙门补习学校

[1] 石阶瑶. 青少年慢性疲劳综合征的流行特征及影响因素研究[D]. 苏州：苏州大学，2014.
[2] 池爱平，高沙沙，张杨，等. 延安地区部分中学慢性疲劳综合征中学生分布与体测达标情况[J]. 青少年体育，2016（2）：110-111.

2.2 研究方法

2.2.1 文献资料法

在陕西师范大学图书馆和中国知网上，笔者查阅了以慢性疲劳综合征为关键词的相关文献 60 余篇，查阅了国家中学生体质测试的相关文献与资料 20 篇，为本研究提供了一定量的理论依据和方法指导。

2.2.2 问卷调查法

2.2.2.1 问卷的制定

在美国疾病控制与预防中心 1994 年制定的 CFS 的诊断标准（CDC–1994 标准）基础上[1-2]，参考了国内相关文献[3]，对上述诊断标准进行了适当的调整，制定了本次中学生 CFS 筛选调查问卷。被调查者除满足“有持续超过 3 个月的不可解释的疲劳，且这种疲劳经过休息也不能缓解”之外，同时如果满足“注意力明显下降、咽痛、腋下触痛、肌肉痛、关节痛、头痛、不能解乏的睡眠、活动后疲劳持续 24h”等 8 个定量指标中的 4 项及以上，为 CFS 组；不足 4 项者，参考相关文献[4]，定义为潜在慢性疲劳综合征（mild chronic fatigue syndrome，M–CFS）组；而没有满足上述 CFS 和 M–CFS 匹配条件的中学生，均为对照组（Control group）。

本次调查问卷还设计了慢性疲劳综合征的“分布情况”与“影响因素”两部分内容。分布情况的内容包括中学生的性别、年级、家庭所在地域等。影响因素的内容包括学习负担、睡眠情况、运动情况、家庭关系和社会关系等 5 个

---

[1] KENNEDY G，ABBOT N C，SPENCE V，et al. The specificity of the CDC-1994 criteria for chronic fatigue syndrome：comparison of health status in three groups of patients who fulfill the criteria[J]. Annals of Epidemiolog，2004，14（2）：95–100.

[2] FUKUDA K，STRAUS S，HICKIE I，et al. The chronic fatigue syndrome：a comprehensive approach to its definition and study[J]. Annals of Internal Medicine，1994，121（12）：953–959.

[3] 石阶瑶. 青少年慢性疲劳综合征的流行特征及影响因素研究[D]. 苏州：苏州大学，2014.

[4] SON C G. Differential diagnosis between “chronic fatigue” and “chronic fatigue syndrome”[J]. Integrative Medicine Research，2019，8（2）：89–91.

维度。中学生慢性疲劳综合征问卷和变量赋值表详见附录 1 和附录 2。

2.2.2.2 效度检验

在调查问卷设计完成后，请 10 位本研究领域的专家对问卷效度进行评审，评审结果用 4 个级别（非常有效、有效、说不清和无效）表示。本研究采用了两轮意见反馈，即在首次评审结果的基础上进行修改，再请专家进行评审，直至所有问题评审结果为“有效”或者“非常有效”。专家反馈情况见表 2-2。

表 2-2　专家反馈情况表 $N=10$

专家职称	非常有效	有效	说不清	无效
副教授（4）	3	1	0	0
教授（6）	3	3	0	0

2.2.2.3 信度检验

本章采用重测法对调查问卷的信度进行检验，在问卷正式发放前，随机抽选 50 名中学生进行问卷调查，在完成第一次问卷后两周，从调查问卷中选择 5 道题以电话形式进行回访，对 50 名测试对象进行重测，然后对两次的调查结果进行一致性对比，比较结果见表 2-3。

表 2-3　问卷信度的重测法检验结果

题号	一致	不一致	一致率/%
4	50	0	100
5	47	3	94
10	50	0	100
13	49	1	98
17	48	2	96

表 2-3 问卷信度检验结果显示，前后两次结果的一致率均高于 87%，说明问卷设计可信度较高。

调查问卷采用现场发放与现场回收的方式。由表 2-4 可知，共发放问卷 10 000 份，回收 9 631 份，回收率为 96.31%。剔除填写质量较差的问卷，有效问卷为 8 841 份，有效率为 91.80%。

表 2-4　有效问卷的发放与回收

学校类别	问卷数量/份	问卷回收		有效问卷		年级分布	男生		女生	
		数量/份	回收率/%	数量/份	有效率/%		人数	比例/%	人数	比例/%
						初一/789	399	50.57	390	49.43
初中	3 000	2 877	95.90	2 491	86.58	初二/888	496	55.86	392	44.14
						初三/814	414	50.86	400	49.14
						高一/1 790	932	52.07	858	47.93
高中	6 000	5 891	98.18	5 731	97.28	高二/1 970	1 108	56.24	862	43.76
						高三/1 971	1 091	55.35	880	44.65
复读学校	1 000	863	86.30	619	71.73	高三补习班/619	238	38.45	381	61.55
合计	10 000	9 631	96.31	8 841	91.80	8 841	4 678	52.91	4 163	47.09

2.2.3　数理统计法

本章的调查数据采用 SPSS 20.0 软件进行统计分析，其中 CFS 的分布情况采用描述性分析，CFS 的影响因素分析采用逻辑回归法。

3　结果与分析

3.1　中学生慢性疲劳综合征分布情况的调查结果

3.1.1　总体分布情况的调查结果

由图 2-1 可知，有潜在慢性疲劳综合征（M-CFS）的中学生占 8.21%，有慢性疲劳综合征（CFS）的中学生占 2.06%，对照组中学生占 89.73%。研究结果显示，我国中学生慢性疲劳综合征的患病率高于美国同龄人，与日本同龄人相近。然而，有潜在慢性疲劳综合征的中学生检出率比例较高，说明陕西省中学生群体潜在慢性疲劳综合征的问题较为严重。

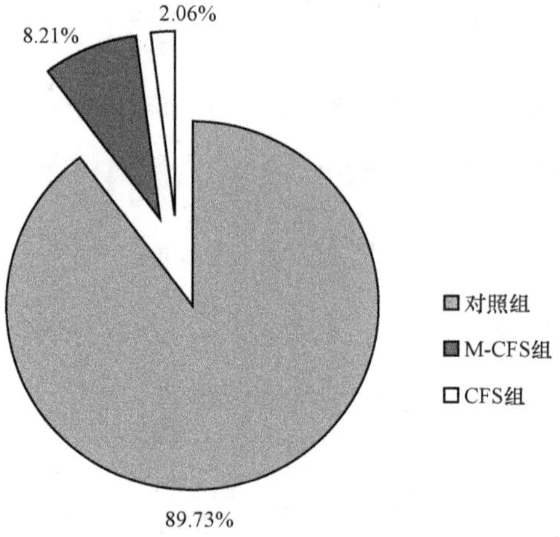

图 2–1　中学生的总体分布情况

3.1.2　地域分布情况的调查结果

本次调研的 26 所学校随机分布在陕北、关中和陕南，这是陕西省的三个主要区域。这些学校所在位置涵盖地级市、县城与乡镇，具有较好的地域特征代表性。中学生地域分布的结果见表 2–5。

表 2–5　中学生地域分布的结果　　N=8 841

地域	对照组		M–CFS 组		CFS 组	
	人数	比例/%	人数	比例/%	人数	比例/%
城区（3 473）	3 132	90.18	264	7.60	77	2.21
农村（5 368）	4 801	89.44	462	8.60	105	1.96

调查结果显示，被调查的中学生按照家庭所在地划分，来自城区的 3 473 人，来自农村的 5 368 人。在来自城区的中学生中，筛选出有慢性疲劳综合征的中学生、有潜在慢性疲劳综合征的中学生和对照组中学生人数比例分别为 2.21%、7.60%和 90.18%；而对于来自农村的中学生群体，筛选出有慢性疲劳综合征的中学生、有潜在慢性疲劳综合征的中学生和对照组中学生人数比例分别为 1.96%、8.60%和 89.44%。结果显示，城区的中学生慢性疲劳综合征人数比例要略高于农村的中学生，而城区的中学生潜在慢性疲劳综合征人数比例略低于农村的中学生。

3.1.3　性别、年级分布情况的调查结果

在本次调查对象中，初中生占 28.18%（2 491 人），高中生占 64.82%（5 731 人），复读学校高三补习班中学生占 7.00%（619 人）。中学生的性别、年级分布情况的调查结果如表 2-6 所示。

表 2-6　中学生的性别、年级分布情况的调查结果　　*N*=8 841

学校类别	年级（男/女）	男生						女生					
		对照组		M-CFS 组		CFS 组		对照组		M-CFS 组		CFS 组	
		人数	比例/%	人数	比例/%	人数	比例/%	人数	比例/%	人数	比例/%	人数	比例/%
初中（2 491）	初一（399/390）	365	91.48	30	7.52	4	1.00	360	92.31	26	6.66	4	1.03
	初二（496/392）	458	92.34	32	6.45	6	1.21	356	90.82	27	6.89	9	2.29
	初三（414/400）	375	90.58	31	7.49	8	1.93	364	91.00	29	7.25	7	1.75
高中（5 731）	高一（932/858）	826	88.63	86	9.23	20	2.14	773	90.09	66	7.69	19	2.21
	高二（1 108/862）	996	89.89	89	8.03	23	2.07	769	89.21	76	8.82	17	1.97
	高三（1 091/880）	983	90.10	88	8.07	20	1.83	772	87.73	86	9.77	22	2.50
复读学校（619）	高三（238/381）	207	86.97	23	9.66	8	3.36	329	86.35	37	9.71	15	3.94
合计	4 678/4 163	4 210	90.00	379	8.10	89	1.90	3 723	89.43	347	8.33	93	2.23

根据表 2-6 的统计结果，本研究分析了男生与女生潜在慢性疲劳综合征和慢性疲劳综合征人数比例的趋势对比情况，男生的分析结果见图 2-2，女生的分析结果见图 2-3。

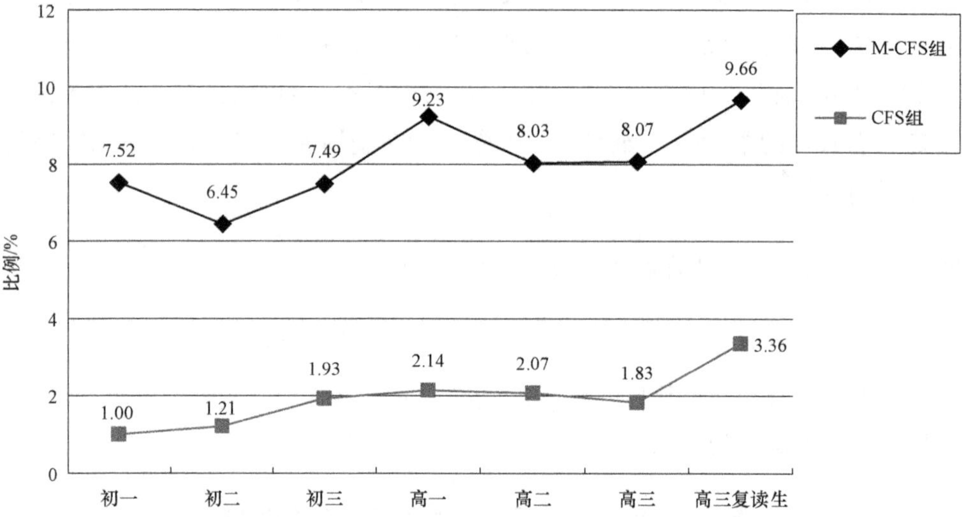

图 2-2 男生 M-CFS 和 CFS 人数分布比例的变化趋势

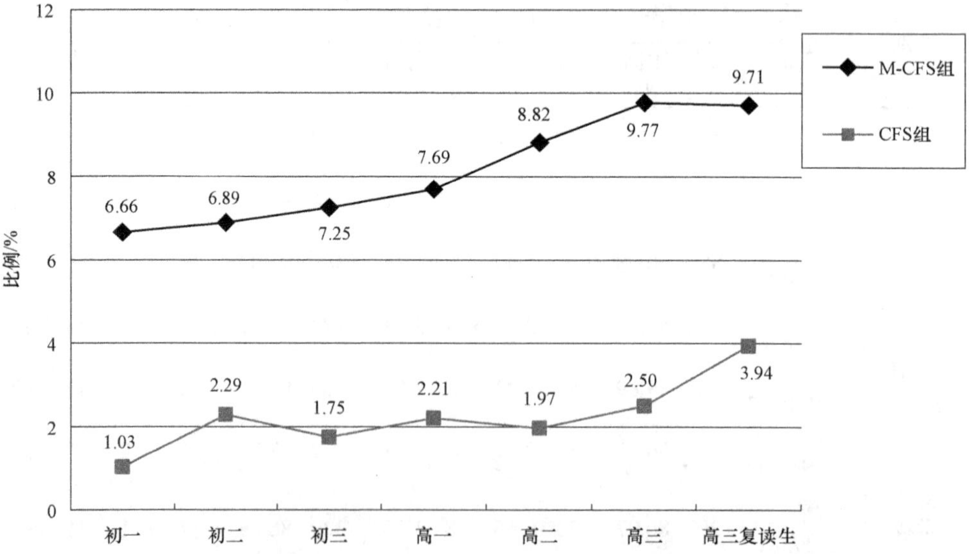

图 2-3 女生 M-CFS 和 CFS 人数分布比例的变化趋势

从上述结果可以看出，在慢性疲劳综合征人群分布中，女生人数比例高于男生人数比例，且大部分集中在高中和复读学校，说明慢性疲劳综合征的患病率随着年龄和年级的递增逐渐呈上升趋势。这可能与高中学习压力较大，学习任务比较重，相应的睡眠时间和体育锻炼时间比较少有关。高三补习班中学生的慢性疲劳综合征人数比例最高，男生人数比例达到 3.36%，女生人数比例达到 3.94%，这样的结果暗示这个中学生群体可能在身体健康和精神压力上存在较为严重的问题。

3.2　中学生慢性疲劳综合征影响因素的调查结果

3.2.1　学习负担的调查结果

中学生学习负担的调查结果见表 2–7。在对照组中学生中，觉得自己“能应付”日常学习负担的中学生人数比例占 46.98%，觉得学习负担“有点重”的中学生人数比例占 47.01%，觉得学习负担“非常重”的中学生人数比例占 6.01%；在有潜在慢性疲劳综合征组的中学生中，觉得自己“能应付”日常学习负担的中学生人数比例占 22.59%，觉得学习负担“有点重”的中学生人数比例占 51.10%，觉得学习负担“非常重”的中学生人数比例占 26.31%；在患有慢性疲劳综合征的中学生中，觉得自己“能应付”日常学习负担的中学生人数比例占 17.58%，觉得学习负担“有点重”的中学生人数比例占 14.84%，觉得学习负担“非常重”的中学生人数比例占 67.58%。

表 2–7　中学生学习负担的调查结果　　N=8 841

组别	能应付		有点重		非常重	
	人数	比例/%	人数	比例/%	人数	比例/%
对照组（7 933）	3 727	46.98	3 729	47.01	477	6.01
M–CFS 组（726）	164	22.59	371	51.10	191	26.31
CFS 组（182）	32	17.58	27	14.84	123	67.58

根据表 2–7，本研究对中学生选择学习负担“非常重”的人数比例进行比

较，结果见图 2–4。

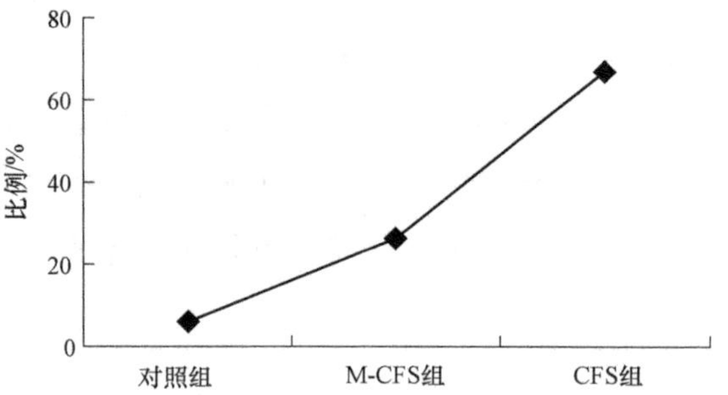

图 2–4　中学生选择学习负担“非常重”的人数比例趋势图

在三组中学生选择学习负担“非常重”的对比中，随着慢性疲劳综合征的严重程度增加，中学生选择学习负担“非常重”的比例呈现出明显的增加趋势，即对照组为 6.01%、潜在慢性疲劳综合征组为 26.31%、慢性疲劳综合征组为 67.58%。

上述结果证明，患有慢性疲劳综合征的中学生，普遍认为自己的学习负担非常重。他们在应付日常的学习中有一定的困难，尤其是在应试教育的背景下，学习上的竞争日趋激烈，很多中学生会有意识或无意识地牺牲更多休息的时间，甚至用自己的睡眠时间来学习，以及在平时的考试中出现考试失败等状况而产生不良情绪，出现睡眠障碍且不能够很好、及时地调整过来，进而导致不能很好地休息，并逐渐形成一种疲劳状态。

3.2.2　睡眠情况的调查结果

中学生睡觉时间的调查结果见表 2–8。在对照组中，能够在晚上 10：30 前睡觉的中学生人数比例为 31.11%，在晚上 10：30—12：00 睡觉的中学生人数比例为 41.35%，在晚上 12：00 后睡觉的中学生人数比例为 27.54%；在潜在慢性疲劳综合征组中，能够在晚上 10：30 前睡觉的中学生人数比例为 14.88%，在晚上 10：30—12：00 睡觉的中学生人数比例为 29.61%，在晚上 12：00 后睡觉的中学生人数比例为 55.51%；在慢性疲劳综合征组中，能够在晚上 10：30 前睡觉的中学生人数比例为 7.69%，在晚上 10：30—12：00 睡觉的中学生人数比例为 19.78%，在晚上 12：00 以后睡觉的中学生人数比例为 72.53%。

表 2-8　中学生睡觉时间的调查结果　　*N*=8 841

组别	晚上 10：30 前		晚上 10：30—12：00		晚上 12：00 后	
	人数	比例/%	人数	比例/%	人数	比例/%
对照组（7 933）	2 468	31.11	3 280	41.35	2 185	27.54
M-CFS 组（726）	108	14.88	215	29.61	403	55.51
CFS 组（182）	14	7.69	36	19.78	132	72.53

根据表 2-8，本研究对中学生选择睡觉时间“晚上 12：00 后”的人数比例进行比较，结果见图 2-5。

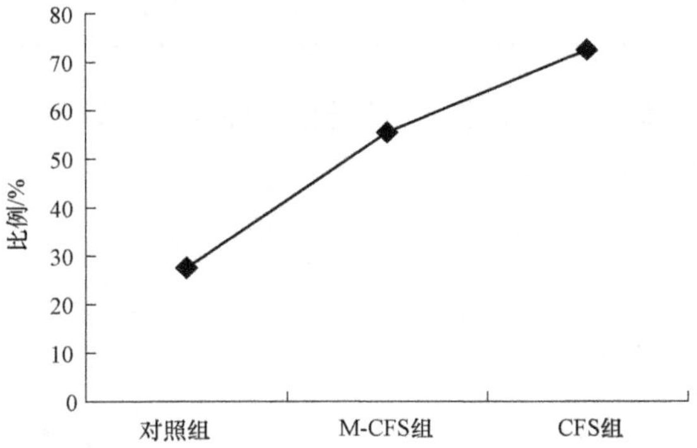

图 2-5　中学生选择“晚上 12：00 后”睡觉的人数比例趋势图

上述结果表明：在对照组中，大部分中学生能够在晚上 10：30—12：00 睡觉，说明这部分人群基本能够保证自己的睡眠时间；而在潜在慢性疲劳综合征组中，晚上 12：00 后睡觉的中学生就有一半左右；在慢性疲劳综合征中，晚上 12：00 后睡觉的中学生就占到总体的 72.53%，这部分中学生可能因为学业压力、个人情绪，甚至睡眠障碍等延迟自己的睡觉时间。由此推测，慢性疲劳综合征可能与睡觉时间呈正相关。

中学生起床时间的调查结果见表 2-9。在对照组中，能够在早晨 6：00 前起床的中学生人数比例为 7.46%，在早晨 6：00—7：00 起床的中学生人数比例为 79.44%，在 7：00 后起床的中学生人数比例为 13.10%；在潜在慢性疲劳综合征组中，能够在 6：00 前起床的中学生人数比例为 22.45%，在早晨 6：00—7：00 起床的中学生人数比例为64.33%，在早晨7：00后起床的中学生人数比例为13.22%；在慢性疲劳综合征组中，能够在早晨6：00前起床的中学生人数比例为42.31%，在早晨6：00—7：00起床的中学生人数比例为27.47%，在早晨7：00后起床的中学生人数比例为30.22%。

表2-9　中学生起床时间的调查结果　　N=8 841

组别	早晨6：00前		早晨6：00—7：00		早晨7：00后	
	人数	比例/%	人数	比例/%	人数	比例/%
对照组（7 933）	592	7.46	6 302	79.44	1 039	13.10
M-CFS组（726）	163	22.45	467	64.33	96	13.22
CFS组（182）	77	42.31	50	27.47	55	30.22

根据表2-9，本研究对中学生选择起床时间在“早晨6：00前”的人数比例进行比较，结果见图2-6。

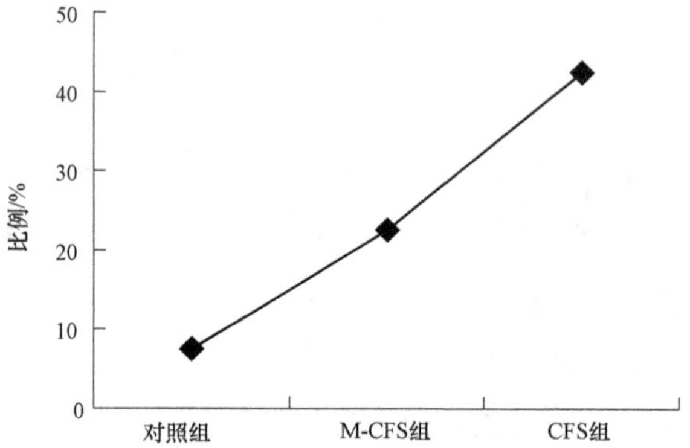

图2-6　中学生选择“早晨6：00前”起床的人数比例趋势图

上述调查结果显示：在对照组和潜在慢性疲劳综合征组中，大部分中学生都在早晨6：00—7：00起床，这个时间段起床符合中国实际情况。这种实际情况出现的原因主要包括交通拥堵、居住地较远、父母上班等。对于慢性疲劳综合征的中学生，在早晨6：00前、7：00后起床的比例，反而较前两类中学生增加。这部分中学生过早起床与推迟起床的现象可能与其学业压力、个人情绪、睡眠障碍等有关。

中学生睡眠质量的调查结果见表2-10。在对照组中，觉得自己睡眠质量不错的中学生人数占65.18%，觉得自己睡觉多梦的人占29.03%，觉得自己经常失眠的人只占5.79%；在潜在慢性疲劳综合征组中，情况有相反趋势的变化，即觉得自己睡眠质量不错的人数占比降低至41.21%，觉得自己睡觉多梦的人增加至37.91%，觉得自己经常失眠的人增加幅度更大，达到20.88%；而慢性疲劳综合征组中，这种变化呈现扩大化，觉得自己睡眠质量不错的人数只占12.64%，觉得自己睡觉多梦的人占22.53%，觉得自己经常失眠的人高达64.83%。

表2-10　中学生睡眠质量的调查结果　*N*=8 841

组别	不错		多梦		经常失眠	
	人数	比例/%	人数	比例/%	人数	比例/%
对照组（7 933）	5 171	65.18	2 303	29.03	459	5.79
M-CFS组（726）	299	41.21	275	37.91	152	20.88
CFS组（182）	23	12.64	41	22.53	118	64.83

根据表2-10，本研究对中学生选择睡眠质量为“经常失眠”的人数比例进行比较，结果见图2-7。

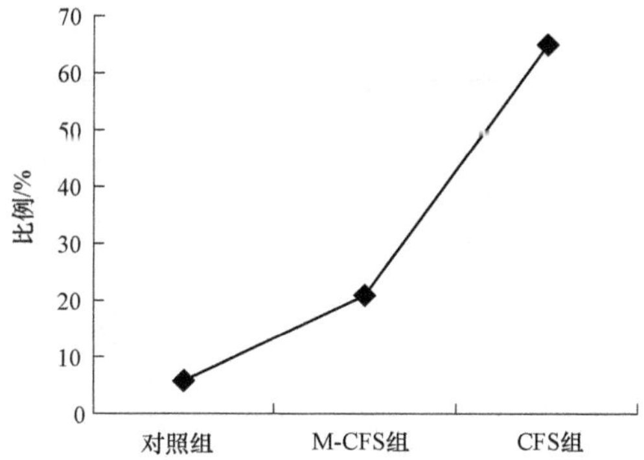

图2-7　中学生选择睡眠质量为“经常失眠”的人数比例趋势图

在三组中学生选择睡眠质量为“经常失眠”的对比中，随着慢性疲劳综合征的严重程度增加，中学生选择睡眠质量为“经常失眠”的比例呈现明显的增加趋势，即对照组为5.79%、潜在慢性疲劳综合征组为20.88%、慢性疲劳综合征组为 64.83%。对照组中学生觉得自己的睡眠质量不错；在潜在慢性疲劳综合征中学生中，过半中学生觉得自己多梦、经常失眠等；而在慢性疲劳综合征中学生中，有 64.83%的中学生有经常失眠等睡眠障碍，说明疲劳与睡眠质量可能呈负相关。

3.2.3 运动情况的调查结果

中学生每周运动次数的调查结果见表 2–11。在对照组中，每周运动 1 次及以下的中学生占 7.35%，每周运动 2～3 次的中学生占 44.12%，每周运动 4 次及以上的中学生占 48.53%；在慢性疲劳综合征组中，每周运动 1 次及以下者占 19.28%，每周运动 2～3 次者占 42.29%，每周运动 4 次及以上的中学生占 38.43%；在慢性疲劳综合征组中，每周运动 1 次及以下者增加至 54.95%，每周运动 2～3 次的中学生降低至 17.58%，每周运动 4 次及以上的中学生降低至 27.47%。

表 2–11　中学生每周运动次数的调查结果　　*N*=8 841

组别	≤1 次		2～3 次		≥4 次	
	人数	比例/%	人数	比例/%	人数	比例/%
对照组（7 933）	583	7.35	3 500	44.12	3 850	48.53
M–CFS 组（726）	140	19.28	307	42.29	279	38.43
CFS 组（182）	100	54.95	32	17.58	50	27.47

根据表 2–11，本研究对中学生选择每周运动次数“≤1 次”的人数比例进行比较，结果见图 2–8。

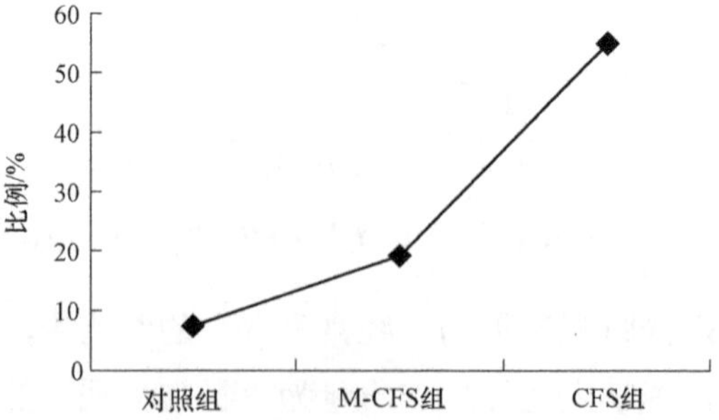

图 2–8　中学生选择每周运动次数“≤1 次”的人数比例趋势图

在三组中学生选择每周运动次数“≤1 次”的对比中，随着慢性疲劳综合征的严重程度增加，中学生选择每周运动次数“≤1 次”的比例呈现明显的增加趋势，即对照组为 7.35%、潜在慢性疲劳综合征组为 19.28%、慢性疲劳综合征组为 54.95%。在对照组中，多数中学生能够每周坚持 2 次及以上的运动锻炼；在慢性疲劳综合征组中，大约有一半的中学生几乎不运动。上述结果表明，中学生慢性疲劳综合征可能与运动锻炼次数呈负相关。

中学生每次运动时间的调查结果见表 2–12。在对照组中，每次运动＜30 min 的中学生人数比例为 63.80%，每次运动 30～＜60 min 的中学生人数比例为 27.50%，每次运动≥60 min 的中学生人数比例为 8.70%；在潜在慢性疲劳综合征组中，每次运动＜30 min 的中学生人数比例为 62.53%，每次运动 30～＜60 min 的中学生人数比例为 21.49%，每次运动≥60 min 的中学生人数比例为 15.98%；在慢性疲劳综合征组中，每次运动＜30 min 的中学生人数比例为 47.25%，每次运动 30～＜60 min 的中学生人数比例为 25.28%，每次运动≥60 min 的中学生人数比例为 27.47%。

表 2–12　中学生每次运动时间的调查结果　　N=8 841

组别	＜30 min		30～＜60 min		≥60 min	
	人数	比例/%	人数	比例/%	人数	比例/%
对照组（7 933）	5 061	63.80	2 182	27.50	690	8.70
M–CFS 组（726）	454	62.53	156	21.49	116	15.98
CFS 组（182）	86	47.25	46	25.28	50	27.47

根据表 2–12，本研究对中学生选择每次运动时间“＜30 min”的人数比例进行比较，结果见图 2–9。

在三组中学生选择每次运动时间“＜30 min”的对比中，随着慢性疲劳综合征的严重程度增加，中学生选择每次运动时间“＜30 min”的比例呈现明显的下降趋势，即对照组为 63.80%、潜在慢性疲劳综合征组为 62.53%、慢性疲劳综合征组为47.25%。在对照组中，多数中学生每次锻炼时间＜30 min；而慢性疲劳综合征组中，每次运动时间≥60 min 的中学生比例反而有所增加（27.47%）。但由于每周运动时间的限制，所以每次的运动时间不足以反映中学生整体体力活动水平。

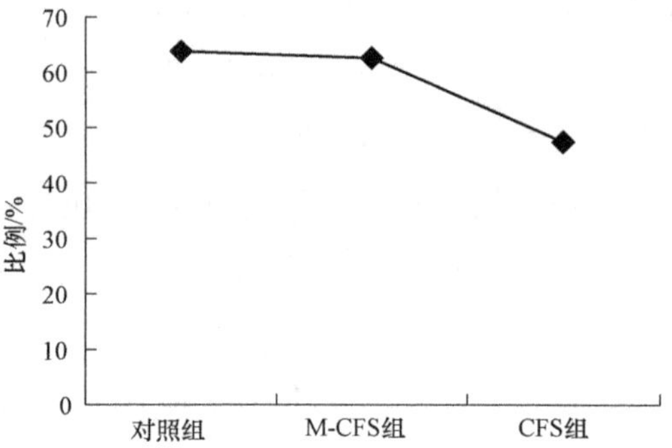

图 2-9　中学生选择每次运动时间“＜30 min”的人数比例趋势图

3.2.4　家庭关系的调查结果

中学生父亲性格的调查结果见表 2-13。在对照组中，认为自己父亲“温和，理解我”的中学生人数比例为85.56%，认为自己父亲性格“冷漠，不理解我”的中学生人数比例为 9.20%，认为自己父亲性格“急躁，会打我”的中学生人数比例为5.24%；在潜在慢性疲劳综合征组中，认为自己父亲性格“温和，理解我”的中学生人数比例为59.78%，认为自己父亲性格“冷漠，不理解我”的中学生人数比例为24.79%，认为自己父亲性格“急躁，会打我”的中学生人数比例为15.43%；在慢性疲劳综合征组中，认为自己父亲性格“温和，理解我”的中学生人数比例为45.05%，认为自己父亲性格“冷漠，不理解我”的中学生人数比例为14.84%，认为自己父亲性格“急躁，会打我”的中学生人数比例为40.11%。

表 2-13　中学生父亲性格的调查结果　　N=8 841

组别	温和，理解我		冷漠，不理解我		急躁，会打我	
	人数	比例/%	人数	比例/%	人数	比例/%
对照组（7 933）	6 787	85.56	730	9.20	416	5.24
M-CFS 组（726）	434	59.78	180	24.79	112	15.43
CFS 组（182）	82	45.05	27	14.84	73	40.11

根据表 2-13，本研究对中学生选择父亲性格“急躁，会打我”的人数比例进行比较，结果见图 2-10。

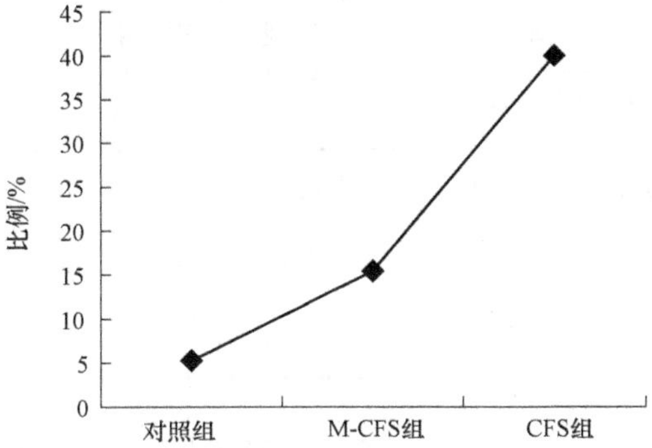

图 2-10　中学生选择父亲性格“急躁，会打我”的人数比例趋势图

在三组中学生选择父亲性格“急躁，会打我”的对比中，发现随着慢性疲劳综合征的严重程度增加，中学生选择父亲性格“急躁，会打我”的比例呈现明显的增加趋势，即对照组为 5.24%、潜在慢性疲劳综合征组为 15.43%、慢性疲劳综合征组为 40.11%。在对照组中，有 85.56%的中学生认为自己父亲的性格“温和，理解我”，说明家长在中学生成长过程中起到非常关键的作用。在慢性疲劳综合征组中，有将近一半的中学生认为父亲性格“急躁，会打我”，这可能在日常生活中给这部分中学生的心理健康造成一定的影响，使中学生经常处于一种紧张、焦虑的状态，久而久之就会有慢性疲劳现象出现。

中学生母亲性格的调查结果见表 2-14。在对照组中，认为自己母亲性格

"温和，理解我"的中学生人数比例为 86.36%，认为自己母亲性格"冷漠，不理解我"的中学生人数比例为 4.14%，认为自己母亲性格"急躁，会打我"的中学生人数比例为 9.50%；在潜在慢性疲劳综合征组中，认为自己母亲性格"温和，理解我"的中学生人数比例为 57.16%，认为自己母亲性格"冷漠，不理解我"的中学生人数比例为 24.66%，认为自己母亲性格 "急躁，会打我"的中学生人数比例为 18.18%；在慢性疲劳综合征组中，认为自己母亲性格"温和，理解我"的中学生人数比例为 50.00%，认为自己母亲性格"冷漠，不理解我"的中学生人数比例为 9.89%，认为自己母亲性格"急躁，会打我"的中学生人数比例为 40.11%。

表 2–14　中学生母亲性格的调查结果　　N=8 841

组别	温和，理解我		冷漠，不理解我		急躁，会打我	
	人数	比例/%	人数	比例/%	人数	比例/%
对照组（7 933）	6 851	86.36	328	4.14	754	9.50
M–CFS 组（726）	415	57.16	179	24.66	132	18.18
CFS 组（182）	91	50.00	18	9.89	73	40.11

根据表 2–14，本研究对中学生选择母亲性格"急躁，会打我"的人数比例进行比较，结果见图 2–11。

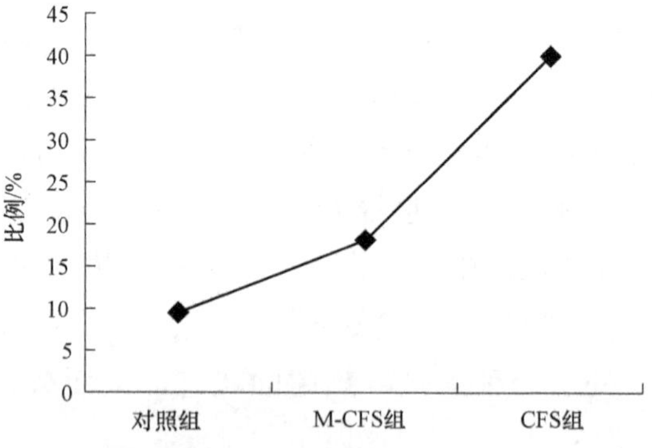

图 2–11　中学生选择母亲性格"急躁，会打我"的人数比例趋势图

在三组中学生选择母亲性格“急躁，会打我”的对比中，随着慢性疲劳综合征的严重程度增加，中学生选择母亲性格“急躁，会打我”的比例呈现出明显的增加趋势，即对照组为9.50%、潜在慢性疲劳综合征组为18.18%、慢性疲劳综合征组为40.11%。在三类不同的中学生人群中，认为自己母亲性格“温和，理解我”的中学生人数百分比从多至少排序为：对照组＞潜在慢性疲劳综合征组＞慢性疲劳综合征组；认为自己母亲性格“急躁，会打我”中学生人数百分比从多至少排序：慢性疲劳综合征组＞潜在慢性疲劳综合征组＞对照组。母亲的性格、脾气对小孩的健康成长有一定的影响，并且母亲脾气越好，对孩子的成长越有利；相反，母亲脾气越急躁，越容易给孩子造成或大或小的压力。孩子长期处于一种紧张、压抑的状态，不能够得到适当的身心放松，就容易造成慢性疲劳。

3.2.5　社会关系的调查结果

中学生同学关系的调查结果见表2–15。在对照组中，有75.32%的中学生觉得自己与同学之间的关系“好”，只有20.98%的中学生认为与同学之间“有小矛盾”，认为与同学之间“有严重矛盾”的中学生比例只占到3.70%；在潜在慢性疲劳综合征组中，认为自己与同学之间的关系“好”的中学生比例较对照组有所下降，为48.90%，而认为与同学之间“有小矛盾”和与同学之间“有严重矛盾”的人数比例则明显增加，分别为44.49%和6.61%；在慢性疲劳综合征组中，有40.11%的人觉得自己与同学之间的关系“好”，有14.84%的中学生跟同学之间“有小矛盾”，有45.05%的中学生与同学之间“有严重矛盾”。

表2–15　中学生同学关系的调查结果　　N=8 841

组别	好		有小矛盾		有严重矛盾	
	人数	比例/%	人数	比例/%	人数	比例/%
对照组（7 933）	5 975	75.32	1 664	20.98	294	3.70
M–CFS组（726）	355	48.90	323	44.49	48	6.61
CFS组（182）	73	40.11	27	14.84	82	45.05

根据表 2–15，本研究对中学生选择同学关系“有严重矛盾”的人数比例进行比较，结果见图 2–12。

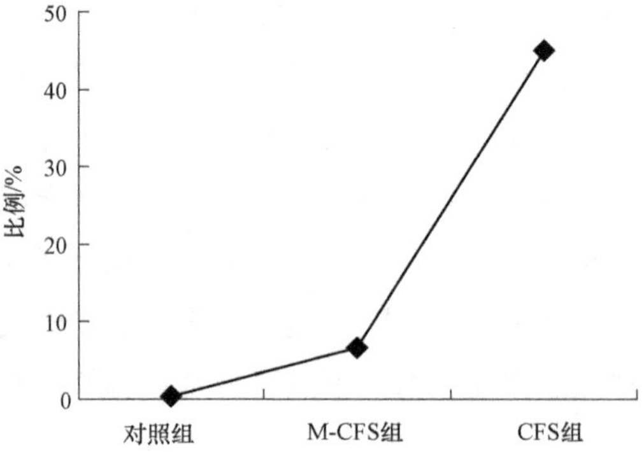

图 2–12　中学生选择同学关系“有严重矛盾”的人数比例趋势图

在三组中学生选择同学关系“有严重矛盾”的对比中，随着慢性疲劳综合征的严重程度增加，中学生选择同学关系“有严重矛盾”的比例呈现明显的增加趋势，即对照组为 3.70%、潜在慢性疲劳综合征组为 6.61%、慢性疲劳综合征组为 45.05%。上述结果显示，与同学之间的关系越差，疲劳程度越高，间接地说明了患有慢性疲劳综合征的同学在日常生活中不能够很好地跟同学相处，这或多或少地给中学生本身在情绪和心理健康方面造成一定的影响。

中学生师生关系的调查结果见表 2–16。在对照组中，认为自己和老师关系“比较好”的中学生比例占 55.51%，认为自己和老师关系“紧张”的中学生比例只占 3.08%；在潜在慢性疲劳综合征组中，上述比例略有变化，即 40.08%的中学生认为自己和老师关系“比较好”，觉得自己跟老师关系“紧张”的中学生比例增加至 8.82%；同样在慢性疲劳综合征组中，这种变化趋势更加明显，只有 32.42%的中学生认为自己和老师关系“比较好”，而认为自己和老师关系“紧张”的中学生比例高达 42.31%。

表 2-16　中学生师生关系的调查结果　　*N*=8 841

组别	比较好		一般		紧张	
	人数	比例/%	人数	比例/%	人数	比例/%
对照组（7 933）	4 404	55.51	3 285	41.41	244	3.08
M-CFS 组（726）	291	40.08	371	51.10	64	8.82
CFS 组（182）	59	32.42	46	25.27	77	42.31

根据表 2-16，本研究对中学生选择师生关系“紧张”的人数比例进行比较，结果见图 2-13。

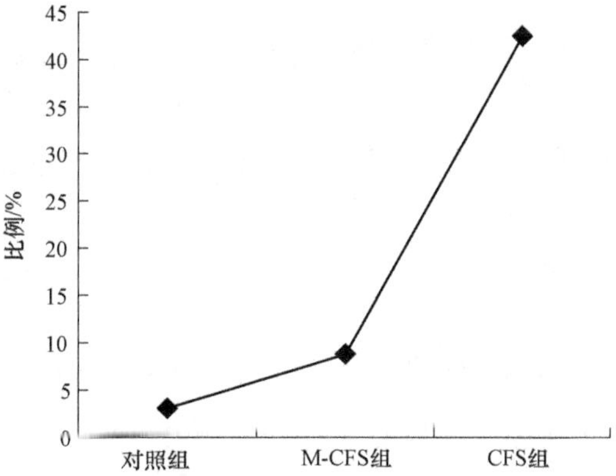

图 2-13　中学生选择师生关系“紧张”的人数比例趋势图

在三组中学生选择师生关系“紧张”的对比中，随着慢性疲劳综合征的严重程度增加，中学生选择师生关系“紧张”的比例呈现出明显的增加趋势，即对照组为 3.08%、潜在慢性疲劳综合征组为 8.82%、慢性疲劳综合征组为 42.31%。上述结果说明，师生关系的好坏，可能是潜在慢性疲劳综合征和慢性疲劳综合征的影响因素之一。

3.3 中学生慢性疲劳综合征影响因素的回归分析

3.3.1 单因素逻辑学回归分析

首先，本研究对潜在慢性疲劳综合征中学生的影响因素进行单因素逻辑学回归分析，计算各影响因素的回归系数、标准误、卡方值、概率值（*p* 值）和比值比（odd ratio，*OR*）。潜在慢性疲劳综合征中学生影响因素的单因素逻辑学回归分析结果见表 2–17。

表 2–17 中学生潜在慢性疲劳综合征影响因素的单因素逻辑学回归分析

变量	赋值	*B*	*S.E.*	*Wald*	*p* 值	*OR*
学习负担	1=能应付，2=有点重，3=非常重	0.918	0.119	59.687	0.000	2.503
睡觉时间	1=晚上 10：30 前，2=晚上 10：30—12：00，3=晚上 12：00 后	0.128	0.099	1.669	0.196	1.137
起床时间	1=早晨 6：00 前，2=早晨 6：00—7：00，3=早晨 7：00 后	1.450	0.149	94.999	0.000	4.264
睡眠质量	1=不错，2=多梦，3=经常失眠	1.076	0.105	105.523	0.000	2.934
父亲性格	1=温和，2=冷漠，3=急躁	1.178	0.091	167.187	0.000	3.247
母亲性格	1=温和，2=冷漠，3=急躁	0.599	0.090	43.934	0.000	1.821
同学关系	1=好，2=有小矛盾，3=有严重矛盾	1.054	0.119	78.486	0.000	2.868
师生关系	1=比较好，2=一般，3=紧张	0.310	0.130	5.708	0.017	1.363
每周运动次数	1=≤1 次，2=2～3 次，3=≥4 次	−1.165	1.121	186.190	0.000	0.192
每次运动时间	1=<30 min，2=30～<60 min，3=≥60 min	1.134	0.100	172.027	0.000	3.720

注：*B* 表示回归系数；*S.E.*表示各影响因素的标准误差；*Wald* 表示各影响因素的卡方值；*p* 值表示各影响因素的概率值；*OR* 表示各影响因素的比值比。后同。

表 2–17 结果表明：首先，中学生潜在慢性疲劳综合征与学习负担、起床时间、睡眠质量、父亲性格、母亲性格、同学关系、师生关系、每周运动次数、每次运动时间等因素具有统计学意义，而学习负担、睡觉时间、起床时间、睡眠质量、父亲性格、母亲性格、同学关系、师生关系、每次运动时间是导致中学生潜在慢性疲劳综合征的危险因素。

其次，本研究对慢性疲劳综合征中学生的影响因素进行单因素逻辑学回归分析，计算各影响因素的回归系数、标准误、卡方值、*p* 值和 OR，结果见表 2–18。

表 2–18　中学生慢性疲劳综合征影响因素的单因素逻辑学回归分析

变量	赋值	*B*	*S.E.*	*Wald*	*p* 值	*OR*
学习负担	1=能应付，2=有点重，3=非常重	3.503	0.387	82.016	0.000	33.199
睡觉时间	1=晚上 10：30 前，2=晚上 10：30—12：00，3=晚上 12：00 后	1.006	0.234	17.172	0.000	2.734
起床时间	1=早晨 6：00 前，2=早晨 6：00 —7：00，3=早晨 7：00 后	2.438	0.330	54.456	0.000	11.450
睡眠质量	1=不错，2=多梦，3=经常失眠	0.987	0.212	21.571	0.000	2.683
父亲性格	1=温和，2=冷漠，3=急躁	2.120	0.212	100.205	0.000	8.334
母亲性格	1=温和，2=冷漠，3=急躁	1.052	0.166	40.083	0.000	2.862
同学关系	1=好，2=有小矛盾，3=有严重矛盾	1.704	0.232	54.060	0.000	5.493
师生关系	1=比较好，2=一般，3=紧张	1.544	0.255	36.600	0.000	4.681
每周运动次数	1=≤ 1 次，2=2～3 次，3=≥ 4 次	−0.722	0.235	9.476	0.002	0.486
每次运动时间	1=＜ 30 min，2=30～＜60 min，3=≥60 min	0.545	0.209	6.806	0.009	1.725

表 2–18 结果表明：中学生慢性疲劳综合征与学习负担、睡觉时间、起床时间、睡眠质量、父亲性格、母亲性格、同学关系、师生关系、每周运动次数、

每次运动时间等因素具有统计学意义，而学习负担、睡觉时间、起床时间、睡眠质量、父亲性格、母亲性格、同学关系、师生关系、每次运动时间是导致中学生慢性疲劳综合征的危险因素。

3.3.2 共线性诊断

在逻辑学回归分析过程中，有可能因为影响因素之间存在近似线性关系而影响整个分析结果，所以先对各影响因素进行单因素回归分析，再对其有统计学意义的影响因素进行共线性诊断。影响因素的共线性诊断结果见表 2–19。

表 2–19 影响因素的共线性诊断

模型	维数	特征根	条件指数	方差比例										
				常量	学习负担	睡觉时间	起床时间	睡眠质量	父亲性格	母亲性格	同学关系	师生关系	每周运动次数	每次运动时间
1	1	9.766	1.000	0.00	0.00	0.00	0.00	0.00	0.00	0.00	0.00	0.00	0.00	0.00
	2	0.278	5.931	0.00	0.00	0.01	0.01	0.00	0.11	0.13	0.03	0.00	0.05	0.17
	3	0.200	6.989	0.00	0.02	0.03	0.02	0.07	0.03	0.00	0.04	0.01	0.00	0.54
	4	0.176	7.459	0.00	0.02	0.00	0.02	0.09	0.00	0.41	0.05	0.11	0.05	0.00
	5	0.142	8.302	0.00	0.01	0.00	0.04	0.35	0.02	0.02	0.09	0.11	0.05	0.20
	6	0.117	9.118	0.00	0.07	0.01	0.00	0.01	0.49	0.25	0.02	0.01	0.18	0.03
	7	0.092	10.328	0.00	0.01	0.00	0.41	0.03	0.08	0.12	0.01	0.13	0.22	0.02
	8	0.085	10.733	0.00	0.39	0.10	0.13	0.33	0.16	0.02	0.00	0.03	0.00	0.01
	9	0.072	11.676	0.01	0.00	0.00	0.02	0.04	0.09	0.01	0.72	0.52	0.06	0.01
	10	0.060	12.789	0.00	0.43	0.78	0.01	0.00	0.01	0.02	0.00	0.00	0.07	0.02
	11	0.014	26.560	0.99	0.04	0.06	0.35	0.07	0.00	0.02	0.02	0.06	0.33	0.00

表 2–19 结果显示，每次运动时间、每周运动次数、师生关系、同学关系、母亲性格有明显的共线性，条件指数大于 10 并且其特征根接近于 0。从统计学角度分析，应将这些影响因素剔除，然后再进行多因素逻辑学回归分析。

3.3.3　多因素逻辑学回归分析

本研究将中学生潜在慢性疲劳综合征的影响因素进行了单因素逻辑学回归分析和共线性诊断，剔除了近似线性关系的因素，保留了有统计学意义的因素，如学习负担、睡觉时间、起床时间、睡眠质量、父亲性格等，将上述因素作为候选变量，进行多因素逻辑学回归分析，分析结果见表 2–20。

表 2–20　中学生潜在慢性疲劳综合征（M–CFS）的多因素回归分析结果

变量	*B*	*S.E.*	*Wald*	*p* 值	*OR*
学习负担	0.628	0.127	24.572	0.000	1.875
睡觉时间	−0.185	0.111	2.791	0.095	0.831
起床时间	1.368	0.158	75.398	0.000	3.928
睡眠质量	0.864	0.117	54.182	0.000	2.373
父亲性格	0.927	0.102	82.113	0.000	2.527

表 2–20 结果显示：学习负担（*OR*=1.875）、睡觉时间（*OR*=0.831）、起床时间（*OR*=3.928）、睡眠质量（*OR*=2.373）、父亲性格（*OR*=2.527）可能是中学生潜在慢性疲劳综合征的主要影响因素。

各影响因素对中学生潜在慢性疲劳综合征的影响程度的得分按降序排序依次为父亲性格、睡眠质量、起床时间、学习负担和睡觉时间，见表 2–21。

表 2–21　中学生潜在慢性疲劳综合征（M–CFS）的影响因素比较

变量	赋值	得分	排名
学习负担	1=能应付，2=有点重，3=非常重	62.941	4
睡觉时间	1=晚上 10：30 前，2=晚上 10：30—12：00，3=晚上 12：00 后	1.678	5
起床时间	1=早晨 6：00 前，2=早晨 6：00—7：00，3=早晨 7：00 后	98.905	3
睡眠质量	1=不错，2=多梦，3=经常失眠	124.907	2
父亲性格	1=温和，2=冷漠，3=急躁	207.146	1

本研究将慢性疲劳综合征影响因素进行了单因素逻辑学回归分析和共线性诊断，剔除了近似线性关系的因素，保留了有统计学意义的因素，如学习负担、睡觉时间、起床时间、睡眠质量、父亲性格等，将上述因素作为候选变量，进行多因素逻辑学回归分析，分析结果见表2–22。

表2–22 中学生慢性疲劳综合征（CFS）的多因素回归分析结果

变量	*B*	*S.E.*	*Wald*	*p* 值	*OR*
学习负担	3.083	0.431	51.103	0.000	21.835
睡觉时间	0.167	0.276	0.365	0.026	1.181
起床时间	2.000	0.376	28.257	0.000	7.388
睡眠质量	0.163	0.270	0.364	0.006	1.177
父亲性格	1.717	0.254	45.668	0.000	5.566

表2–22结果显示：学习负担（OR=21.835）、睡觉时间（OR=1.181）、起床时间（OR=7.388）、睡眠质量（OR=1.177）、父亲性格（OR=5.566）是慢性疲劳综合征可能的影响因素。

各影响因素对中学生慢性疲劳综合征的影响程度的得分排序依次为父亲性格、学习负担、起床时间、睡眠质量和睡觉时间，见表2–23。

表2–23 中学生慢性疲劳综合征（CFS）的影响因素比较

变量	赋值	得分	排名
学习负担	1=能应付，2=有点重，3=非常重	155.158	2
睡觉时间	1=晚上10：30前，2=晚上10：30—12：00，3=晚上12：00后	19.384	5
起床时间	1=早晨6：00前，2=早晨6：00—7：00，3=早晨7：00后	67.540	3
睡眠质量	1=不错，2=多梦，3=经常失眠	24.073	4
父亲性格	1=温和，2=冷漠，3=急躁	249.622	1

在上述五个影响因素中，父亲性格好坏对孩子是否患慢性疲劳综合征的影响

最大。父亲在家庭中扮演着很重要的角色，父亲性格对孩子的性格有极大的影响。首先，中国式家庭对孩子的教育历来就有“子不教，父之过”的说法，所以父亲在家里一般比较严厉，给孩子在生活中造成一定的压力；其次是学习负担，中学生正处于高考的关键时期，能否考上大学和考上什么样的大学，对他们的一生都至关重要，因此，中学生的学习压力与负担是非常沉重的；最后是睡眠情况，由于学习负担重，课后作业与练习题较多，很多中学生不惜牺牲自己的休息时间来完成学习任务，晚上睡觉前高强度的学习状态，必然影响睡眠质量，缩短睡觉时间。上述慢性疲劳综合征的影响因素，与中学生的实际情况相符合。只有找到导致中学生患慢性疲劳综合征的根源，才能根据实际情况预防其患病风险与改善病症。

4 讨　论

目前，欧洲国家和美国对慢性疲劳综合征的研究相对较多，我国对慢性疲劳综合征的研究较少，而对于青少年慢性疲劳综合征的研究更是鲜有报道。慢性疲劳综合征的早期干预非常重要，但是目前国际上没有青少年慢性疲劳综合征诊断的金标准，研究人员一般采用 CDC–1994 标准。尽管此标准在世界各地被广泛使用，但此标准是针对国外成年人制定的，而对于青少年，上述标准需要进行适当的调整。本研究参考了苏州大学石阶瑶博士的研究成果，即将“持续超过 6 个月的不可解释的疲劳”调整为“持续超过 3 个月的不可解释的疲劳”[1]。此外，针对中学生慢性疲劳综合征的影响因素，本研究根据实际情况和相关文献，选择了中学生的学习负担、睡眠质量、家庭关系、师生关系等因素。上述因素对中学生进行慢性疲劳综合征早期的筛查与防控极为重要。

4.1 中学生慢性疲劳综合征的分布特征

4.1.1 性别分布特征

对成年人慢性疲劳综合征性别差异的研究显示，一般女性的患病率高于

[1] 石阶瑶. 青少年慢性疲劳综合征的流行特征及影响因素研究[D]. 苏州：苏州大学，2014.

男性，其原因与女性的生理周期、情绪变化、性格敏感等因素有关系[1]。本研究针对中学生慢性疲劳综合征的研究发现：初中男、女生患病率均较低，到了高中，男生的患病率略高于女生；然而，复读学校男、女生患病率明显高于初高中男、女生，分别达到 3.36%和 3.94%，这些数据不容乐观，均高于美国、英国、日本的研究数据。本研究首次将复读学校中学生纳入研究对象范围，而该类中学生的数据却显示出较为严重的结果。中学生是一个特殊的群体，由于正处于生长发育的关键时期，同时面临升学的压力和长期紧张的学习生活节奏，特别是复读学校中学生，还背负着沉重的精神压力，因此，极易成为慢性疲劳综合征人群，该类中学生的健康问题需要引起社会关注。

4.1.2 年级分布特征

潜在慢性疲劳综合征、慢性疲劳综合征的患病率是否有年级差异，目前在国外尚未发现确切的研究报道，而在国内的苏州大学的研究显示中学生慢性疲劳综合征患病率随年级递增而上升。本研究显示：复读学校中学生患病率高于高中生的患病率，高中生的患病率高于初中生，这与苏州大学的研究结果相似。造成慢性疲劳综合征这种年级分布特征的原因，可能与中学生学习负担的逐渐加重、中学生的生长发育、缺乏体育锻炼等因素有关。

4.1.3 地域分布特征

国外研究显示，发达国家的成年人慢性疲劳综合征的患病率要高于发展中国家，说明经济的发达程度与生活环境的优劣，对于慢性疲劳综合征的患病率有一定内在影响。在本次调研中，调查对象分别来自陕西省的城市和农村，尽管这几年我国大力发展经济，但城市和农村的差异依然较为明显，两种不同居住地的患病中学生必然也会受到其家庭经济状况与生活环境的影响。根据研究结果，城市家庭的中学生慢性疲劳综合征的患病率反而高于农村家庭的中学生。这样的结果说明，家庭经济状况可能对中学生慢性疲劳综合征的患病影响不大，城市家庭的中学生患病率高可能另有原因。

---

[1] SCHUR E，AFARI N，GOLDBERG J E，et al. Twin analyses of fatigue[J]. Twin Research and Human Genetics，2007，10：729－733.

4.2　中学生慢性疲劳综合征的影响因素

4.2.1　学习负担对中学生慢性疲劳综合征的影响

本研究结果显示：疲劳程度越重的中学生越认为自己不能够应付平时的学习。中学生在学习上的竞争日趋激烈，在中国应试教育的背景下，家长与中学生一致认为：只有考上一所好的大学，未来才会有好的发展。然而高考竞争异常激烈，很多中学生不得不埋头苦读，不惜牺牲自己的休息时间、体育锻炼时间，甚至占用睡觉时间来学习，面对考试的压力，从而会出现睡眠障碍、情绪波动大等一系列问题。压力、学习负担等能够诱导潜在慢性疲劳综合征、慢性疲劳综合征的出现。针对中学生学习负担，政府也实施了许多“减负”的措施，并取得了一定的成效。学习负担过重，违背了中学生健康发展的规律，会对中学生的健康成长有严重危害，同时也是导致慢性疲劳综合征的重要因素。

4.2.2　睡眠质量对中学生慢性疲劳综合征的影响

睡眠障碍是导致躯体疲劳的一个重要因素。本研究显示，对照组的多数中学生认为自己睡眠质量不错，而潜在慢性疲劳综合征组、慢性疲劳综合征组中有多半的中学生觉得自己在睡觉时多梦、经常失眠，说明慢性疲劳综合征程度与睡眠质量相关。有研究显示，疲劳与睡眠障碍呈正相关[1]；也有研究发现，睡眠障碍不仅可以产生疲劳，还能够诱发慢性疲劳综合征等[2]。本研究的问卷量表评价结果显示，起床时间、睡眠质量与潜在慢性疲劳综合征、慢性疲劳综合征的关系密切。中学生在学习上的竞争日趋激烈，为了学习，很多中学生会牺牲休息时间，甚至是睡眠时间，在这样长期的不良睡眠状态下应付日常的学习任务，一旦受到一些因素的干扰，就容易出现不良情绪，而不良的情绪也会影响睡眠质

[1] PETROV D，MARCHALIK D，SOSIN M，et al. Factor affecting duration of chronic fatigue syndrome in pediatric patients[J]. Indian Journal of Pediatrics，2012，79（1）：52–55.

[2] SHARPE M，HAWTON K，SEAGROATT V，et al. Follow-up of patients presenting with fatigue to an infectious diseases clinic[J]. British Medical Journal，1992，305（6846）：147–152.

量[1]，这样长期恶性循环导致中学生产生睡眠障碍。睡眠障碍是慢性疲劳综合征的影响因素，因此，家长、教师应该意识到睡眠质量的重要性，合理地安排学习任务，保证中学生的休息时间，以便预防慢性疲劳综合征的发生发展。

4.2.3 家庭关系对中学生慢性疲劳综合征的影响

家庭是中学生健康成长的重要环境，对中学生来说也是一个重要的社会支持系统。本研究显示，多数中学生的疲劳或者慢性疲劳的持续与变化受家庭影响非常大，尤其是父亲，父亲的社会地位、受教育程度、性格脾气等是诱发中学生慢性疲劳综合征的高危险因素。研究显示，家长对孩子的教育方式与行为方式，对孩子的性格塑造、个性心理倾向有着非常重要的影响[2]。在应试教育的背景下，父母对孩子的学习情况关注度非常高，导致父母在教育子女上容易采用一种专制教育的方式，而中学生又处在青春期的关键时期，这对中学生的人格发展有一定的影响，所以，不民主的管教方式，以及父母的过度关心与保护可能是造成潜在慢性疲劳综合征、慢性疲劳综合征的重要因素[3-4]。

4.2.4 社会关系对中学生慢性疲劳综合征的影响

青春期是中学生成长的特殊时期，是中学生自我形成、逐渐独立的关键性时期，这个时期人际交往很重要。人际交往是人们生活或生产过程中建立的直接的心理上的联系，包括亲属关系、同学关系、朋友关系、师生关系等。人际关系对每个人的生活、学习，以及个人情绪有很大的影响，良好的人际关系对人的健康发展有一定的促进作用，但是，紧张的人际关系不仅会影响个人情绪，

---

[1] SCHUR E，AFARI N，GOLDBERG J E，et al. Twin analyses of fatigue[J]. Twin Research and Human Genetics，2007，10：729－733.

[2] JASON L A，TAYLOR R R，KENNEDY C L，et al. Chronic fatigue syndrome：sociodemographic subtypes in a community-based sample[J]. Evaluation and the Health Professions，2000，23（3）：243－263.

[3] DE MEIRLEIR K L，MCGREOR N R，VAN HOOF E L S. Pediatric chronic fatigue syndrome[M]. New York：Haworth Medical Press，2006：3－7.

[4] 石阶瑶，徐勇. 中学生慢性疲劳现状及其影响因素分析[J]. 中国学校卫生，2014，35（7）：1017－1019.

也会给个人的生活带来各方面的压力，诱发慢性疲劳综合征的出现[1]。大部分中学生在学习期间处于疲劳状态，其生活、学习、社会活动、人际交往的能力就会下降，从而制约中学生的健康成长。

4.2.5　其他因素对慢性疲劳综合征的影响

心境和情绪障碍是慢性疲劳综合征常见的主诉，在慢性疲劳综合征发病过程中起重要作用。疲劳状况与情绪具有相关性[2]。在慢性疲劳综合征患者中，抑郁、焦虑和躯体形式的障碍是慢性疲劳综合征常见的症状，情绪不好会诱发慢性疲劳综合征的发生；缺乏运动增加了中学生慢性疲劳综合征的风险[3]，心理压力是慢性疲劳综合征的诱因，缺乏社会支持是慢性疲劳综合征的持久影响因素，严重的生活事件促进慢性疲劳综合征的形成。

研究显示，情绪和压力是慢性疲劳综合征的主要诱导因素[4]，对慢性疲劳综合征的发病过程有着重要影响。人们往往将中学生的慢性疲劳综合征归因于学习负担等方面的压力，而忽视中学生的社会交往、个人生活方式和价值取向等，然而适时有效的健康教育可以预防和缓解慢性疲劳[5]，普及对慢性疲劳综合征的认识，加强潜在慢性疲劳综合征、慢性疲劳综合征的防控工作非常重要。同时，改善中学生调节压力、调控情绪的能力，这需要家长和中学生的配合与支持。

---

[1] TANAKA M，FUKUDA S，MIZUNO K，et al. Stress and copingstyles are associated with severe fatigue in medical students[J]. Behavioral Medicine，2009，35（3）：87−92.

[2] 袁苹. 慢性疲劳综合征的心理影响因素[J]. 中国健康心理学杂志，2001，9（5）：375−376.

[3] VINER R，HOTOPF M. Childhood predictors of self-reported chronic fatigue syndrome/myalgic encephalomyelitis in adults：national birth cohort study[J]. Britsh Medical Journal，2004，329：941.

[4] MAROTI D，MOLANDER P，BILEVICIUTE-LJUNGAR I. Differences in alexithymia and emotional awareness in exhaustion syndrome and chronic fatigue syndrome[J]. Scandinavian Journal of Psychology，2017，58：52−61.

[5] BRIMMER D，MCCLEARY K K，LUPTON T A，et al. Continuing medical education challenges in chronic fatigue syndrome[J]. BMC Medical Education，2009，9（1）：70.

第3章

慢性疲劳综合征对中学生体质健康的影响

1 概　述

近年来，我国中学生的体质健康测试受到国家、社会、学校和家庭的广泛重视，中学生作为一个特殊的群体，是国家的未来，他们的健康问题更能体现一个国家发展的潜力。然而，近几年我国中学生体质健康状况逐渐下降。针对这种情况，学者们从多方面开始探索研究，寻找可以提高中学生体质健康的途径[1]。此外，为了更好地检测与评估中学生的体质健康状况，政府相关管理部门也在不断地调整与完善中学生体质健康测试（简称“体测”）的标准和项目。陕西省作为西部经济欠发达地区，中学生体质健康状况同样令人担忧。

1982 年，国务院发布了《国家体育锻炼标准》，1990 年国家教委颁布了《大学生体育合格标准》，2002 年 7 月由教育部、国家体育总局联合下发了《中学生体质健康标准（试行方案）》，该标准从身体形态、身体机能、身体素质等方面综合评定中学生的体质健康状况，选择了与中学生身体发展及身体健康素质关系最为密切的一些要素作为测试的内容。《2010 年国民体质监测报告》显示：中学生的体质在 20 年来一直呈下降趋势。为了鼓励中学生积极参与体育运动，提高身体素质，2013 年国家对中学生体质测试标准重新进行了修订，并在 2014 年 7 月公布了《国家中学生体质健康标准》的修订结果，该标准对各单项测试

[1] 张彩，吴志坤，徐仰才，等. 中医体质测试与现行大学生体质健康测试比较研究[J]. 中国中医药信息杂志，2015（6）：12–14.

项目，以及单项成绩所占权重进行了新的调整[1]。目前，我国各学校都在积极开展中学生体测工作，并把体测工作写入了学校体育工作条例当中。中学生的体测工作是最近几年来学校体育工作的重点，也是国家、社会、学校了解中学生体质健康状况的重要依据[2]。

在近几年的中学生体质健康测试和研究工作中，研究人员发现，在进行一些强度较大的体育活动时，部分中学生运动中或运动后主诉不适、身体反应异常。一些跑步运动甚至出现中学生猝死现象，从 2009 年到 2012 年，光网络媒体公开报道的中学生运动性猝死事件就有 25 例[3]。造成上述现象的原因不仅与其运动不足、运动方式不正确等表面的因素有关系，更重要的原因可能与该群体本身身体累积的重度慢性疲劳有关系。“过劳死”是一种极度疲劳所致的结果，与机体慢性疲劳的累积有直接关系[4]。基础性研究也证实了慢性疲劳综合征是造成动物大强度运动后猝死的主要原因之一[5]。运动不足和运动过度对人体均没有好处。但是对于一个慢性疲劳累积的机体，运动本身就是一种危险活动，因此，教育部于 2015 年颁布了《学校体育运动风险防控暂行办法》，要求对不适合体育运动的中学生，学校和教师应当减少或免除其体育活动。

运动对于人体健康来说，确实是一把“双刃剑”。适度的运动是改善人体很多慢性疾病的良方，对于慢性疲劳综合征而言，同样如此。已有研究

---

[1] 教育部办公厅. 关于 2014 年《国家中学生体质健康标准》测试和上报的通知[Z]. 教体艺厅函〔2014〕30 号.

[2] 徐荥，蒲毕文，徐焰.《国家中学生体质健康标准（2014 年修订）》实施制约因素的调查与分析[J]. 体育学刊，2015，22（5）：121－123.

[3] 董玉福，张文星. 25 例中学生运动性猝死特点分析[J]. 中国学校卫生，2014，35（1）：109－110.

[4] LAMANCE J J，SISTO S A，DELUCA J，et al. Influence of exhaustive treadmill exercise on cognitive functioning in chronic fatigue syndrome[J]. The American Journal of Medicine，1998，105：S59－S65.

[5] KINDLON T. Educational programs for chronic fatigue syndrome need to take cognizance of the condition's abnormal response to exercise[J]. Archives of Physical Medicine and Rehabilitation，2011，92（6）：1015.

证明，运动疗法是治疗慢性疲劳综合征常用的方法[1]，当然，前提是在康复治疗师和职业医师的指导下进行。患者需要根据自身的运动能力制定合适的运动处方，最常见的运动项目有跑步、游泳、骑车、爬山等有氧运动项目。有研究显示，适当的运动可以改善疲劳和运动能力，对慢性疲劳综合征的改善有积极的效果[2]。因此，基层中学需要对本校慢性疲劳综合征中学生采取积极措施，既要通过体育锻炼缓解中学生的疲劳，又要杜绝患有慢性疲劳综合征的中学生由于大强度、高负荷运动等诱发因素导致损伤或者猝死。

本章内容通过对患有慢性疲劳综合征的中学生的体质健康测试成绩进行调查，揭示该群体在体质健康测试方面，哪些项目或者哪些运动能力存在问题，为进一步研究中学生慢性疲劳综合征的改善与缓解提供理论依据。

2 研究对象与方法

2.1 研究对象

本章主要研究慢性疲劳综合征对中学生体质健康的影响。采用抽样的方法，本章对陕西省 26 所中学的 10 000 名中学生进行了问卷调查。这些学校涵盖了不同的办学层次，包括普通中学、职业高中和复读学校，覆盖面较广，具有较好的代表性。根据中学生慢性疲劳综合征的有效问卷数量，以此 8 841 份（人）作为数据统计与分析的对象。

---

[1] BLACKWOOD S K，MACHALE S M，POWER M J，et al. Effects of exercise on cognitive and motor function in chronic fatigue syndrome and depression[J]. Journal of Neurology，Neurosurgery and Psychiatry，1998，65（4）：541–546.

[2] POWELL P，BENTALL R P，NYE F J，et al. Randomised controlled trial of patient education to encourage graded exercise in chronic fatigue syndrome[J]. British Medical Journal，2001，322（7283）：387–390.

2.2　研究方法

2.2.1　体质健康测试法

体质健康测试项目与达标情况调查内容的设定依据教育部印发的《国家学生体质健康标准（2014 年修订）》，包括身高、体重、肺活量、1 000 m 跑（男子）/800 m 跑（女子）、引体向上（男）/仰卧起坐（女）、立定跳远等，总成绩低于 60 分为不及格。中学生体质健康测试项目及分值见表 3–1。

表 3–1　中学生体质健康测试项目及分值

身体指标	测试项目	分值
身体形态	身高	–
	体重	–
	体重指数（BMI）	15
身体机能	肺活量	15
身体素质	坐位体前屈	10
	立定跳远	10
	50 m 跑	20
	1 000 m 跑（男）/800 m 跑（女）	20
	引体向上（男）/仰卧起坐（女）	10
总成绩		100

注：体重指数（BMI）＝ 体重/身高 ^{2}（kg/m^2）。

中学生的体质健康测试数据，均由各自学校的体育测试小组提供。调查对象的分组，依然按照第二章的问卷调查法进行，分为潜在慢性疲劳综合征组（M–CFS）、慢性疲劳综合征组（CFS）和对照组。

2.2.2 数理统计法

本章的调查数据采用 SPSS 20.0 软件进行统计分析，对中学生不同慢性疲劳综合征的程度与体测达标得分情况进行肯德尔（Kendall）相关性检验，对中学生不同组体质健康测试成绩进行对比单因素方差分析（ANOVA），数据用平均值±标准差（$\bar{x} \pm s$）表示，组间比较时，$p<0.05$ 被认为具有显著性差异。

3 结果与分析

3.1 慢性疲劳综合征对中学生体测达标结果的影响

中学生体测达标情况分布见表 3–2。从表中可以看出：对照组中男生不及格率为 22.18%，女生不及格率为 20.60%，低于潜在慢性疲劳综合征组和慢性疲劳综合征组的中学生，并且，随着疲劳程度的不断加重，中学生体测成绩的不达标率也在逐步上升。

表 3–2 中学生体测达标情况 N=8 841

性别	组别	优秀		良好		及格		不及格	
		人数	比例/%	人数	比例/%	人数	比例/%	人数	比例/%
男生（4 678）	对照组（4 210）	705	16.75	1 007	23.92	1 564	37.15	934	22.18
	M–CFS 组（379）	19	5.01	114	30.08	148	39.05	98	25.86
	CFS 组（89）	3	3.37	25	28.09	37	41.57	24	26.97
女生（4 163）	对照组（3 723）	669	17.97	1 301	34.94	986	26.48	767	20.60
	M–CFS 组（347）	52	14.99	117	33.72	106	30.54	72	20.75
	CFS 组（93）	6	6.45	29	31.18	36	38.71	22	23.66

根据表 3–2 结果，本研究对各类中学生体质健康测试成绩“不及格”的比例进行分析，见图 3–1。

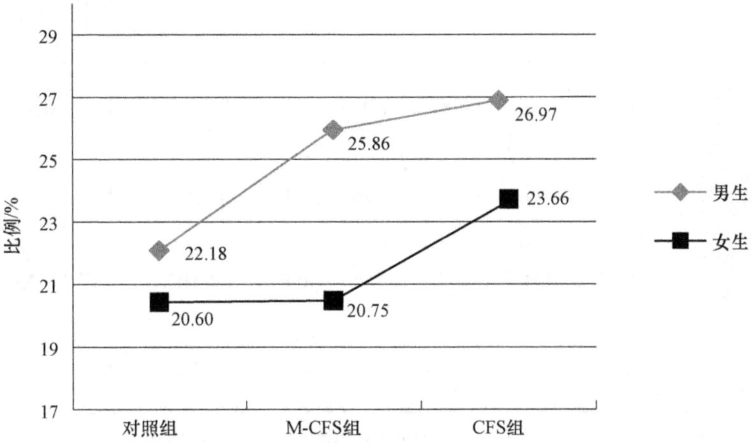

图 3–1 不同组中学生体质健康测试成绩“不及格”比例趋势图

图 3–1 显示，随着慢性疲劳综合征程度的加重，中学生体质健康测试成绩“不及格”比例逐步增加，男生的“不及格”比例较女生组更高。研究结果说明，陕西省部分中学生的国家体质健康测试成绩不容乐观，大量的中学生没有达到中学生体质健康标准的要求。潜在慢性疲劳综合征组和慢性疲劳综合征组的中学生体测达标率低于对照组中学生，这说明慢性疲劳综合征是中学生体测不达标的原因之一。

3.2 体测达标情况和慢性疲劳综合征程度的相关性分析

为了阐明 CFS 到底对哪些项目有影响，本研究将不同程度 CFS 与中学生体测达标级别做了肯德尔相关性检验，另外，为了探索 CFS 对中学生的运动能力的影响，将不同程度 CFS 与中学生体测成绩做了斯皮尔曼（Spearman）相关性检验。肯德尔相关性检验统计结果见表 3–3 所示，斯皮尔曼相关性检验统计结果见表 3–4 所示。

表 3–3 不同程度 CFS 与中学生体测达标级别肯德尔相关性检验结果

性别		年级	BMI	肺活量	50 m 跑	坐位体前屈	立定跳远	引体向上(男)/1 min 仰卧起坐（女）	1 000 m 跑(男)/800 m 跑（女）	总达标等级
男生（4 678）	相关系数	0.019	0.002	0.400**	0.012	−0.007	0.040**	0.113**	0.398**	0.266**
	Sig.（双侧）	0.146	0.866	0.000	0.367	0.637	0.003	0.000	0.000	0.000
女生（4 163）	相关系数	0.047**	0.054**	0.336**	0.095**	0.025	0.210**	0.175**	0.335**	0.337**
	Sig.（双侧）	0.001	0.000	0.000	0.000	0.090	0.000	0.000	0.000	0.000

注：*表示在置信度（双侧）时 $p<0.05$，**表示在置信度（双侧）时 $p<0.01$。

表 3–4 不同程度 CFS 与中学生体测达标成绩斯皮尔曼相关性检验结果

性别		BMI	肺活量	50 m 跑	坐位体前屈	立定跳远	引体向上（男）/1 min 仰卧起坐（女）	1 000 m 跑(男)/800 m 跑（女）
男生（4 678）	相关系数	0.023	−0.403**	0.017	0.006	−0.021	−0.147**	0.447**
	Sig.（双侧）	0.122	0.000	0.250	0.700	0.144	0.000	0.000
女生（4 163）	相关系数	−0.096**	−0.384**	0.110**	−0.024	−0.229**	−0.162**	0.366**
	Sig.（双侧）	0.000	0.000	0.000	0.119	0.000	0.000	0.000

注：*表示在置信度（双侧）时 $p<0.05$，**表示在置信度（双侧）时 $p<0.01$。

表 3–3 显示，不同程度的 CFS 与中学生体测达标的单个项目级别，如肺活量级别、1 000 m 跑（男）达标级别和 800 m 跑（女）达标级别，均呈现一定

的相关性，即随着 CFS 患病程度的增加，中学生上述体测项目的达标级别降低。与此同时，不同程度的 CFS 与男生体测总达标级别相关性不明显，但与女生体测的总达标级别呈现低度相关。

表 3–4 显示，不同程度的 CFS 对中学生体测达标的单个项目成绩，如肺活量成绩、1 000 m 跑（男）成绩和 800 m 跑（女）成绩，均呈现一定的相关性，即随着 CFS 患病程度的增加，中学生上述体测项目的成绩逐步降低。这说明慢性疲劳综合征组中学生的体测单项成绩与对照组中学生的成绩可能存在显著性差异关系。因此，本研究进一步对各组中学生的单项体测成绩进行独立样本 t 检验，旨在找出慢性疲劳综合征对哪些体测项目达标成绩影响明显。

3.3　慢性疲劳综合征对中学生体测单项成绩的影响

3.3.1　慢性疲劳综合征对男生 1 000 m 测试成绩的影响

在有不同慢性疲劳综合征程度的中学生中，男生 1 000 m 测试成绩如表 3–5 所示。男生 1 000 m 成绩整体较差，尤其是成绩为不及格的男生所占的比例较高。在对照组中，其 1 000 m 测试的不及格率为 20.62%，潜在慢性疲劳综合征组男生 1 000 m 的不及格率为 34.30%，慢性疲劳综合征组男生 1 000 m 的不及格率为 37.08%。随着男生疲劳程度的不断加重，其不及格男生所占的比例也呈现上升趋势。相比较而言，在 1 000 m 测试中，男生优秀率偏低。全部男生，在 1 000 m 项目上成绩为优秀的仅有 646 人，整体优秀率仅为 13.81%。

表 3–5　男生 1 000 m 测试成绩　　N=4 678

组别	优秀		良好		及格		不及格	
	人数	比例/%	人数	比例/%	人数	比例/%	人数	比例/%
对照组（4 210）	598	14.20	1 587	37.70	1 157	27.48	868	20.62
M–CFS 组(379）	41	10.81	82	21.64	126	33.25	130	34.30
CFS 组（89）	7	7.87	13	14.60	36	40.45	33	37.08

从该项目测试成绩中可以看出，所有被调研的对象中，只有极少男生能达到优秀，这也反映出在一定程度上，男生在该项目的运动能力上存在着较大的问题。其主要的原因是男生身体素质较差，在耐力和体能储备方面明显不足，此外，也与学校的体育教学存在一定关系，学校应在日常体育教学中加强对中长跑项目的训练。

对对照组、潜在慢性疲劳综合征组、慢性疲劳综合征组中学生进行比较发现，对照组的男生 1 000 m 的成绩高于潜在慢性疲劳综合征组和慢性疲劳综合征组的男生；与对照组男生成绩相比较，潜在慢性疲劳综合征组和慢性疲劳综合征组的男生 1 000 m 成绩均显著性下降。男生 1 000 m 成绩均数差异显著性检验见图 3–2。

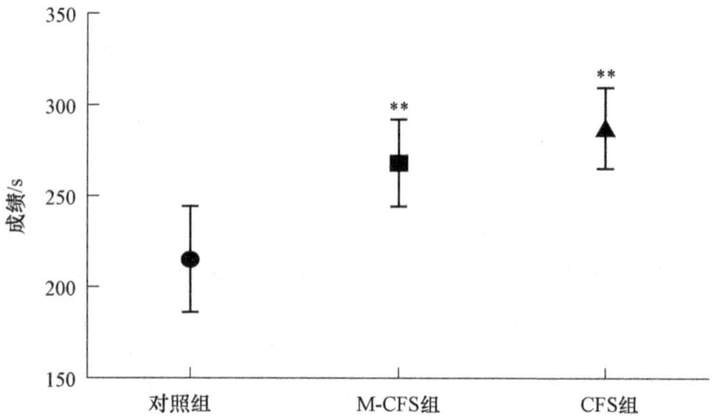

注：**表示与对照组相比较时 $p<0.01$。

图 3–2　男生 1 000 m 成绩比较图

图 3–2 表明：潜在慢性疲劳综合征组、慢性疲劳综合征组的男生 1 000 m 的水平普遍低于对照组男生。为了达到测试的及格标准，部分男生在跑的过程中身体机能水平还有待提高，同时在运动过程中一定要注意预防运动风险。

3.3.2　慢性疲劳综合征对女生 800 m 测试成绩的影响

女生 800 m 测试成绩见表 3–6。有不同程度慢性疲劳综合征的女生 800 m 的体质测试成绩略好于男生 1 000 m 测试成绩。从不及格比重来看，对照组女生不及格率为 12.70%，潜在慢性疲劳综合征组和慢性疲劳综合征组不及格率分别为 17.00%和 22.58%。和男生 1 000 m 测试情况类似，随着女生慢性疲劳综合征程度的不断加重，其 800 m 测试成绩不及格率也呈现上升趋势，优秀率则呈现下降趋势。在慢性疲劳综合征组的女生中，优秀率只有 8.60%，比其他两组女生的优秀水平人数比例要低。

表 3-6　女生 800 m 测试成绩　　N=4 163

组别	优秀		良好		及格		不及格	
	人数	比例/%	人数	比例/%	人数	比例/%	人数	比例/%
对照组（3 723）	775	20.82	1 682	45.18	793	21.30	473	12.70
M-CFS 组(347)	39	11.24	137	39.48	112	32.28	59	17.00
CFS 组（93）	8	8.60	35	37.63	29	31.18	21	22.58

女生在该运动项目中也存在很大的问题，而且随着疲劳程度的加重，女生 800 m 的成绩越来越差，这说明潜在慢性疲劳综合征与慢性疲劳综合征会影响女生的体质健康。对各组女生 800 m 成绩的比较结果见图 3-3。

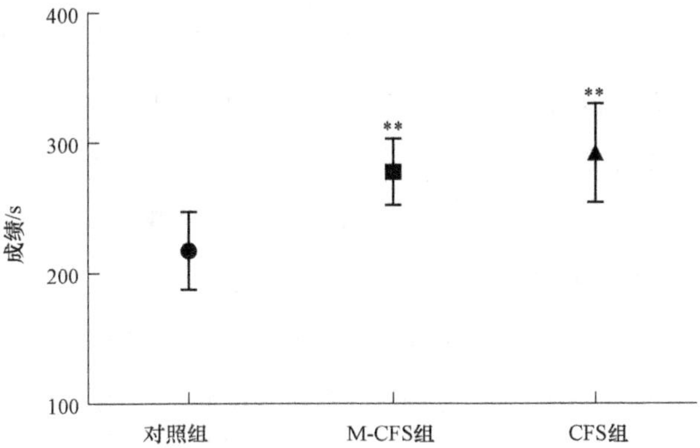

注：**表示与对照组相比较时 $p<0.01$。

图 3-3　女生 800 m 成绩比较图

女生 800 m 成绩均数对比结果显示，与对照组女生相比较，潜在慢性疲劳综合征组和慢性疲劳综合征组的女生 800 m 成绩均呈显著性下降（$p<0.01$）。结果表明，慢性疲劳综合征程度越高，女生 800 m 成绩越差，说明慢性疲劳综合征对 800 m 跑运动能力有明显的影响。

3.3.3 慢性疲劳综合征对男生引体向上测试成绩的影响

男生引体向上测试成绩见表 3–7。由表 3–7 可知，男生的引体向上成绩非常之差，绝大多数男生在该项目上为不及格，其中对照组男生不及格率为 58.46%，潜在慢性疲劳综合征组男生不及格率为 63.06%，慢性疲劳综合征组男生不及格率为 57.30%。在优秀率方面，三类男生的优秀率为 2.59%～5.62%。

表 3–7 男生引体向上测试成绩 *N*=4 678

组别	优秀		良好		及格		不及格	
	人数	比例/%	人数	比例/%	人数	比例/%	人数	比例/%
对照组（4 210）	109	2.59	493	11.71	1 147	27.24	2 461	58.46
M–CFS 组（379）	13	3.43	48	12.66	79	20.84	239	63.06
CFS 组（89）	5	5.62	12	13.48	21	23.60	51	57.30

由此可见，本次参与测试的男生上肢力量的状况相对较差，远没有达到中学生体质健康测试所要求的标准。

对照组男生引体向上的平均成绩是 10.8 个，潜在慢性疲劳综合征组、慢性疲劳综合征组男生的引体向上平均成绩分别为 9.6 个、7.6 个，对照组男生的成绩高于其他两组男生的成绩。潜在慢性疲劳综合征男生的引体向上成绩与对照组男生相比较，没有显著性差异（$p>0.05$），而慢性疲劳综合征男生的成绩则显著降低（$p<0.05$）。各组男生的引体向上成绩比较结果见图 3–4。

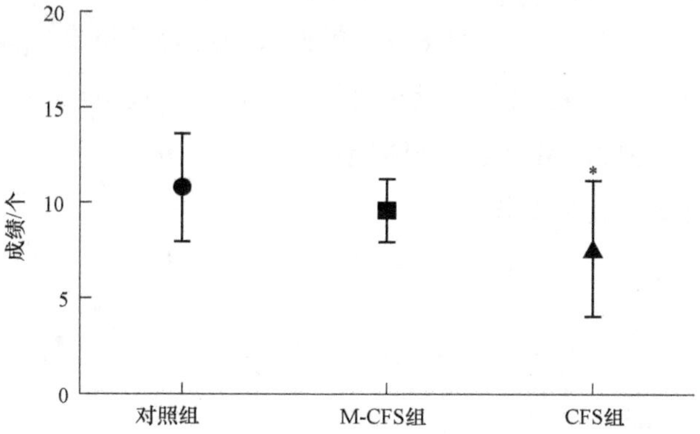

注：*表示与对照组相比较时 $p<0.05$。

图 3–4　男生引体向上成绩比较图

不同慢性疲劳综合征程度对男生引体向上成绩有影响，慢性疲劳综合征组男生不仅成绩低且稳定性差，该组与对照组男生引体向上成绩相比较有显著性差异。

3.3.4　慢性疲劳综合征对女生仰卧起坐测试成绩的影响

女生仰卧起坐测试成绩见表 3–8。不同疲劳程度的女生仰卧起坐的体质测试成绩并不理想，尤其是慢性疲劳综合征组的女生，大多数只能达到及格的水平，而在对照组和潜在慢性疲劳综合征组的女生中，成绩为良好的占到了较大的比重。调查结果显示，陕西省关中部分地区女生的腰腹力量相对较差，没能得到较好的发展。

表 3–8　女生仰卧起坐测试成绩　　N=4 163

组别	优秀		良好		及格		不及格	
	人数	比例/%	人数	比例/%	人数	比例/%	人数	比例/%
对照组（3 723）	775	20.82	1 665	44.72	812	21.81	471	12.65
M–CFS 组（347）	49	14.12	131	37.75	108	31.12	59	17.00
CFS 组（93）	14	15.05	29	31.18	29	31.18	21	22.58

对照组女生仰卧起坐平均成绩是每分钟 40.6 个，潜在慢性疲劳综合征组女生仰卧起坐平均成绩是每分钟 36.8 个，慢性疲劳综合征组女生仰卧起坐平均成绩是每分钟 35.2 个。与对照组成绩相比较，潜在慢性疲劳综合征组无显著性变化（$p>0.05$），而慢性疲劳综合征组成绩显著降低（$p<0.05$）。女生仰卧起坐成绩均数的差异显著性检验见图 3–5。

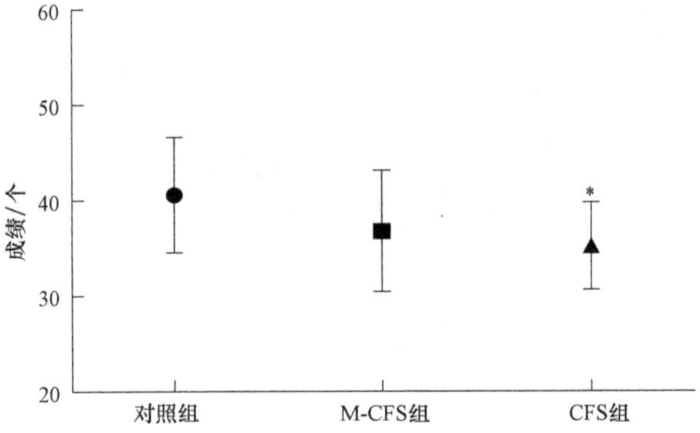

注：*表示与对照组相比较时 $p<0.05$。

图 3–5　女生仰卧起坐成绩比较图

上述结果说明，慢性疲劳综合征程度越高，仰卧起坐成绩越差。慢性疲劳综合征对女生的仰卧起坐成绩有显著性的影响。

3.3.5　慢性疲劳综合征对中学生 50 m 测试成绩的影响

各组中学生的 50 m 测试成绩见表 3–9。不同慢性疲劳综合征程度中学生的 50 m 测试成绩分布中，对照组男生的不及格率为 9.24%，对照组女生的不及格率为 15.63%，大多数的中学生能达到及格、良好的水平。相比较而言，潜在慢性疲劳综合征组与慢性疲劳综合征组中学生的 50 m 成绩不及格率要高于对照组中学生，而随着慢性疲劳综合征程度的加重，其不及格率变化趋势不明显，说明慢性疲劳综合征与中学生 50 m 跑成绩相关性不明显。

表 3–9　中学生 50 m 测试成绩　　N=8 841

性别	组别	优秀		良好		及格		不及格	
		人数	比例/%	人数	比例/%	人数	比例/%	人数	比例/%
男生	对照组（4 210）	1 005	23.87	1 595	37.89	1 221	28.98	389	9.24
	M–CFS 组（379）	72	19.00	113	29.82	139	36.67	55	14.51
	CFS 组（89）	7	7.87	33	37.08	40	44.94	9	10.11
女生	对照组（3 723）	634	17.03	1 343	36.07	1 164	31.27	582	15.63
	M–CFS 组（347）	44	12.68	108	31.12	132	38.04	63	18.16
	CFS 组（93）	14	15.05	35	37.63	32	34.41	12	12.90

对照组男生的 50 m 平均成绩为 7.741 s，潜在慢性疲劳综合征组、慢性疲劳综合征组男生的 50 m 平均成绩分别为 8.372 s、8.746 s，结果显示，对照组的平均成绩好于其他两组。对照组女生的 50 m 平均成绩明显比潜在慢性疲劳综合征组和慢性疲劳综合征组的好，三者依次是 8.470 s、9.367 s 和 9.617 s。

对对照组、潜在慢性疲劳综合征组和慢性疲劳综合征组的男生和女生 50 m 成绩分别进行差异显著性检验，与对照组相比较，潜在慢性疲劳综合征组和慢性疲劳综合征组男、女生的 50 m 成绩均没有显著性差异，比较结果见图 3–6。

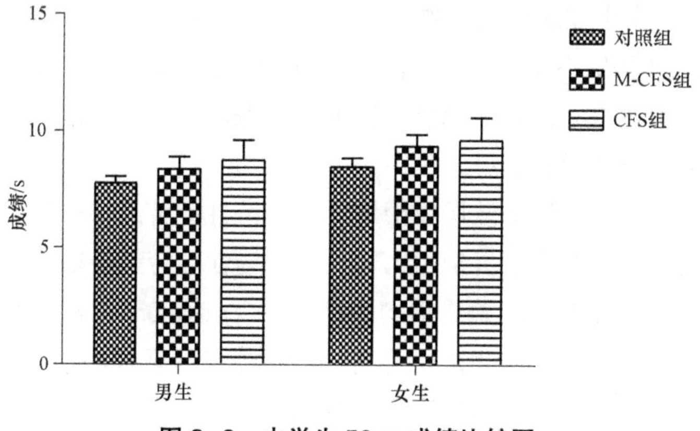

图 3–6　中学生 50 m 成绩比较图

结果表明，患有潜在慢性疲劳综合征、慢性疲劳综合征的中学生 50 m 成绩测试比对照组中学生成绩差，但是显著性差异不明显，说明慢性疲劳综合征对中学生 50 m 成绩影响不明显。

3.3.6 慢性疲劳综合征对中学生坐位体前屈测试成绩的影响

坐位体前屈测试成绩见表 3–10。在坐位体前屈测试项目中，对照组男生不及格率为 17.96%，潜在慢性疲劳综合征组男生不及格率为 19.00%，慢性疲劳综合征组男生不及格率为 22.47%。

表 3–10 中学生坐位体前屈测试成绩 N=8 841

性别	组别	优秀		良好		及格		不及格	
		人数	比例/%	人数	比例/%	人数	比例/%	人数	比例/%
男生	对照组（4 210）	406	9.64	1 706	40.52	1 342	31.88	756	17.96
	M–CFS 组(379）	34	8.97	156	41.16	117	30.87	72	19.00
	CFS 组（89）	7	7.87	36	40.45	26	29.21	20	22.47
女生	对照组（3 723）	758	20.36	1 449	38.92	1 120	30.08	396	10.64
	M–CFS 组(347）	54	15.56	138	39.77	116	33.43	39	11.24
	CFS 组（93）	16	17.20	36	38.71	28	30.11	13	13.98

相对而言，女生成绩略高于男生，对照组女生不及格率为 10.64%，潜在慢性疲劳综合征组女生不及格率为 11.24%，慢性疲劳综合征组女生不及格率为 13.98%。随着中学生慢性疲劳综合征程度的加深，他们的坐位体前屈测试成绩的不及格率也呈现递增的趋势。

对照组中学生的坐位体前屈成绩均比潜在慢性疲劳综合征组、慢性疲劳综合征组的成绩好。与对照组男生相比较，潜在慢性疲劳综合征组与慢性疲劳综合征组的男生坐位体前屈测试成绩均显著提高（$p<0.05$）；与对照组女生相比较，慢性疲劳综合征组的女生坐位体前屈测试成绩显著提高（$p<0.05$）。各组中学生坐位体前屈测试成绩的比较结果见图 3–7。

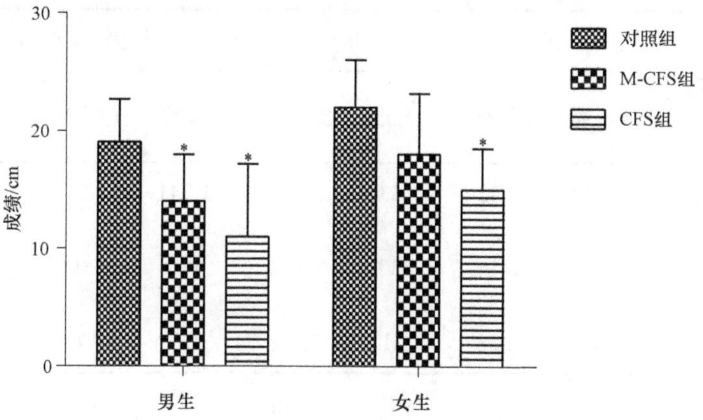

注：*表示与对照组相比较时 $p<0.05$。

图 3–7　中学生坐位体前屈成绩比较图

上述结果说明，慢性疲劳综合征对中学生坐位体前屈测试成绩有一定的影响。

3.3.7　慢性疲劳综合征对中学生立定跳远测试成绩的影响

中学生立定跳远测试成绩见表 3–11。在该项目中，对照组男生不及格率为 14.68%，女生不及格率为 16.36%；潜在慢性疲劳综合征组男生的立定跳远成绩不及格率为 18.47%，而该组女生立定跳远成绩的不及格率为 12.10%；慢性疲劳综合征组男生的立定跳远成绩不及格率为 19.10%，女生不及格率为 20.13%。与此同时，对照组男生在立定跳远项目的优秀率方面，略高于潜在慢性疲劳综合征组和慢性疲劳综合征组的中学生。

表 3–11　中学生立定跳远测试成绩　　N=8 841

性别	组别	优秀		良好		及格		不及格	
		人数	比例/%	人数	比例/%	人数	比例/%	人数	比例/%
男生	对照组(4 210)	392	9.31	1 418	33.68	1 782	42.33	618	14.68
	M–CFS 组（379）	26	6.86	127	33.51	156	41.16	70	18.47
	CFS 组（89）	7	7.87	26	29.21	39	43.82	17	19.10

续表

性别	组别	优秀		良好		及格		不及格	
		人数	比例/%	人数	比例/%	人数	比例/%	人数	比例/%
女生	对照组（3 723）	537	14.42	1 336	35.89	1 241	33.33	609	16.36
	M-CFS 组（347）	56	16.14	117	33.72	132	38.04	42	12.10
	CFS 组（93）	17	18.28	21	22.58	36	38.71	19	20.43

表 3-11 结果显示，大部分中学生的立定跳远成绩较低，没有达到中学生体质健康测试标准。立定跳远作为能够充分体现人体的腰腹力量、下肢力量及与上肢协调配合完成的一个测试项目，而结果显示中学生需要进一步提高腰腹力量、下肢力量及上肢协调能力。各组中学生立定跳远成绩的比较结果见图 3-8。

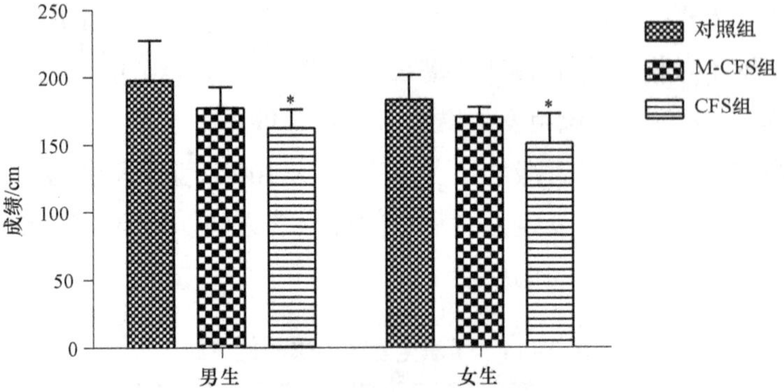

注：*表示与对照组相比较时 $p<0.05$。

图 3-8　各组中学生立定跳远成绩比较图

结果显示，对照组男、女生的跳远成绩均显著高于慢性疲劳综合征组（$p<0.05$）；潜在慢性疲劳综合征组与对照组相比较，男、女生立定跳远成绩均无显著性差异。

3.3.8 慢性疲劳综合征对中学生肺活量测试成绩的影响

中学生肺活量测试成绩见表 3–12。对照组男生肺活量不及格率为 11.54%，女生不及格率为 11.23%；潜在慢性疲劳综合征组男生肺活量成绩不及格率为 14.78%，而该组女生肺活量成绩不及格率为 15.56%；慢性疲劳综合征组男生肺活量成绩不及格率为 12.36%，女生不及格率为 18.28%。

表 3–12 中学生肺活量测试成绩 N=8 841

性别	组别	优秀		良好		及格		不及格	
		人数	比例/%	人数	比例/%	人数	比例/%	人数	比例/%
男生	对照组（4 210）	616	14.63	1 776	42.19	1 332	31.64	486	11.54
	M–CFS 组（379）	44	11.61	139	36.67	140	36.94	56	14.78
	CFS 组（89）	10	11.24	33	37.07	35	39.33	11	12.36
女生	对照组（3 723）	405	10.88	1 693	45.47	1 207	32.42	418	11.23
	M–CFS 组（347）	34	9.80	137	39.48	122	35.16	54	15.56
	CFS 组（93）	7	7.53	33	35.48	36	38.71	17	18.28

与此同时，对照组男生肺活量成绩优秀率为 14.63%，女生优秀率为 10.88%；潜在慢性疲劳综合征组男生肺活量成绩优秀率为 11.61%，而该组女生肺活量成绩优秀率为 9.80%；慢性疲劳综合征组男生肺活量成绩优秀率为 11.24%，女生肺活量成绩优秀率仅为 7.53%。

潜在慢性疲劳综合征组与慢性疲劳综合征中学生的不及格率高于对照组中学生，说明随着慢性疲劳综合征程度的加深，中学生肺活量成绩不及格率呈上升趋势。各组中学生肺活量成绩对比结果见图 3–9。

上述结果显示，与对照组男生相比较，潜在慢性疲劳综合征组和慢性疲劳综合征组的成绩均没有显著性差异；与对照组女生相比较，潜在慢性疲劳综合征组女生成绩没有显著性差异，但是慢性疲劳综合征组女生的肺活量成绩显著下降（$p<0.05$），说明慢性疲劳综合征对女生肺活量水平影响较明显。

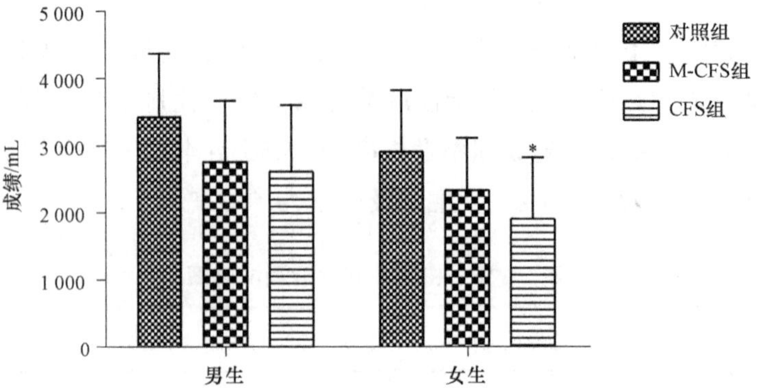

注：*表示与对照组相比较时 $p<0.05$。

图 3–9　中学生肺活量成绩比较图

4 讨　论

身体形态与身体机能可以反映人体内部或外部的健康状况。在国家体质健康测试项目中，体重指数是反映中学生身体形态的主要指标；肺活量是衡量中学生身体机能的唯一指标，它能够反映机体的发育水平和呼吸系统的状况。本研究显示，随着慢性疲劳综合征程度的加重，中学生肺活量成绩不及格率呈上升趋势，尤其是慢性疲劳综合征女生的肺活量成绩受到显著性影响，说明其在身体机能指标上存在明显的问题。与肺活量相关的几个跑步项目，如 1 000 m 跑、800 m 跑和 50 m 跑等，均在不同程度上反映出慢性疲劳综合征对中学生的影响。研究结果显示，慢性疲劳综合征中学生 1 000 m 跑、800 m 跑和 50 m 跑测试的成绩均显著低于对照组中学生。这种现象反映出慢性疲劳综合征中学生的身体机能较差，特别是有氧运动能力差，当其进行较大强度的有氧运动测试时，尽管一心想拼搏过关，但身体机能跟不上，也就是前面所说的运动中主诉不适、身体反应异常等，容易出现运动风险。

立定跳远、引体向上和仰卧起坐是测试中学生肌肉力量素质的项目，不同慢性疲劳综合征程度对中学生力量素质测试项目有一定的影响，在运动过程中主要表现为肌肉收缩力差、能量供应不足等。坐位体前屈是反映中学生柔韧素质的项目，与韧带、肌肉、皮肤等组织的弹性和伸展能力有关，研究显示，慢性疲劳综合征程度越高，中学生柔韧性越差，而柔韧性越差的中学生，越容易出现受伤或受伤后不易恢复。关于慢性疲劳综合征与柔韧性之间的内在联系，还需进一步研究探索。

第4章

中学生慢性疲劳综合征的生理机能特征

1 概　述

1.1 身体机能监控系统的应用研究

身体机能监控系统可提供全面的有关人体各种功能和状态的测量信息[1]。它是一种专业的健康和健康生活方式评估工具，通过其独特的心率变异性分析，能让压力、锻炼和睡眠以一种强有力的新方式显现出来，揭示身体对日常生活的 24 h 反应。

心脏可以提供关于身体的大量信息。身体机能监控系统的分析技术是基于对不同的身体反应产生有差异的心率和心率变异性的识别[2]，例如吸气、呼气、控制呼吸、荷尔蒙反应、代谢过程和能量消耗、自主神经系统调节、身体活动、运动和恢复体力活动、运动和姿势的变化、认知过程和精神负荷压力反应、放松和情绪反应等重要的身体变化都会影响心跳。根据生理学原理和人体机能状态，身体机能监控系统根据心跳数据计算并创建出一个关于

---

[1] ROULEAU C R，TOMFOHR-MADSEN L M，CAMPBELL T S，et al. The role of maternal cardiac vagal control in the association between depressive symptoms and gestational hypertension[J]. Biological Psychology，2016，117：32–42.

[2] ZHANG Y J，DU X P，LIU F，et al. The effects of guided imagery on heart rate variability in simulated spaceflight emergency tasks performers[J]. BioMed Research International，2015（2）：1–8.

人体的数字模型，因此，它除可以提供心率变异性信息之外，还能够反映机体的生理反应，并且可以分析呼吸率、耗氧量、能量消耗和日常生活情况，诸如压力大小、放松情况和机体活动等方面[1]。总而言之，身体机能监控系统有四大功能，即训练负荷监控、能量消耗监控、疲劳恢复、日常压力评估。

1.2　心率变异性与生理机能

心率变异性是逐次心跳 RR 间期的微小差异，由于它是自主神经系统对心脏窦房结的调控结果，因此心率变异性可间接反映自主神经系统的平衡。心率变异性反映了心血管、体液及神经调节的相互作用关系，为评估交感神经和迷走神经的平衡提供参考[2-3]。目前，心率变异性的测量方法多样，但还处于探索阶段，因此大部分参数尚无正常值或参考值范围。有大量研究表明，心率变异性降低可以作为心肌梗死、慢性心力衰竭、不稳定型心绞痛、高血压等心血管疾病的致病因素[4]。一般情况下，心率变异性越高，说明自主神经的调控功能越好，但这也不是绝对的[5]。心率变异性的大小实质上是反映神经—体液调节与心脏窦房结之间的相互作用关系，即反映自主神经系统的交

---

[1] MIKKOLA J，HYNYNEN E，NUMMELA A. Nocturnal heart rate and heart rate variability based training load monitoring，a case study of an elite junior XC skier during a glacier training camp[C]//2nd International Congress on Science and Nordic Skiing，May 28–31，2012，Finland：Vuokatti，2012.

[2] GUTIN B，HOWE C，JOHNSON M H，et al. Heart rate variability in adolescents：relations to physical activity，fitness，and adiposity[J]. Medicine & Science in Sports & Exercise，2005，37（11）：1856-1863.

[3] WATANABE E，KIYONO K，YAMAMOTO Y，et al. Heart rate variability and cardiac diseases[M]//IWASE S，HAYANO J，ORIMO S. Clinical assessment of the autonomic nervous system，Springer Japan，2017.

[4] THAYER J F，YAMAMOTO S S，BROSSCHOT J F. The relationship of autonomic imbalance，heart rate variability and cardiovascular disease risk factors[J]. International Journal of Cardiology，2010，141（2）：122.

[5] STEIN P K，DOMITROVICH P P，HUI N，et al. Sometimes higher heart rate variability is not better heart rate variability：results of graphical and nonlinear analyses[J]. Journal of Cardiovascular Electrophysiology，2005，16（9）：954-959.

感神经活性与副交感神经活性的强弱，以及两者之间的平衡协调关系。当交感神经活性降低或者副交感神经活性增强时心率变异性增高，当交感神经活性增强或者副交感神经活性降低时心率变异性则降低。据研究，电刺激副交感神经使心率变异性增高，切断副交感神经使心率变异性消失，刺激交感神经使血液中儿茶酚胺含量同步升高时，心率变异性会下降[1-2]。交感神经和副交感神经活性的强弱十分重要，两种神经平衡及相互协调配合对维持心脏正常活动和心功能稳定尤为重要。两种神经之间的相互作用失去平衡，会导致心血管系统功能紊乱，引发严重的心血管疾病或者猝死[3]。所以，心率变异性可以定量反映自主神经系统功能、对心血管调节作用和心脏活动是否正常。用心率变异性来评估自主神经功能及平衡可从侧面来预测心功能情况，以防猝死的发生。心肌细胞的电稳定性与自主神经调节及体液调节之间的相互平衡有关系。交感神经兴奋导致室颤阈值降低，对心血管系统不利，但迷走神经的兴奋会提高室颤阈值，对身体有利。自主神经对心脏的支配能力降低时，特别是迷走神经的活性下降，会导致心肌细胞的电不稳定性增强，降低室颤阈值，发生猝死危险[4]。因为慢性疲劳综合征患者在进行体育运动之后会发生猝死的风险，所以评估慢性疲劳综合征中学生的心率变异性十分有必要。

目前，主要通过时域法和频域法来分析心率变异性。时域法是记录一段时间内（通常取 24 h）的动态心电图后，用计算机程序来统计分析处理全部窦性

---

[1] GONG F. Effect comparison of dynamic electrocardiogram and conventional ECG in the diagnosis of coronary heart disease for patients with myocardial ischemia and arrhythmia[J]. Clinical Medicine & Engineering，2014，21（4）：411–412.

[2] JIANG X L，ZHANG Z G，YE C P，et al. Attenuated or absent HRV response to postural change in subjects with primary insomnia[J]. Physiology & Behavior，2015，140：127–131.

[3] FAULKNER M S，QUINN L，RIMMER J H，et al. Cardiovascular endurance and heart rate variability in adolescents with type 1 or type 2 diabetes[J]. Biological Research for Nursing，2005，7（1）：16–29.

[4] BROWN T E，BEIGHTOL L A，KOH J，et al. Important influence of respiration on human R-R interval power spectra is largely ignored[J]. Journal of Applied Physiology，1993，75（5）：2310–2317.

心律的指标[1]，这些指标可用来衡量心率变异性的大小。频域法是将心率信号分解成不同频率段的功率，再对其进行分析。一般来说，频域分析多做短程（通常取 5 min）研究，将测试者的心电信号的傅里叶变换或自回归分析技术处理之后得到频谱图，将其分为高频功率（High Frequency，HF，0.15～0.40 Hz）和低频功率（Low Frequency，LF，0.04～0.15 Hz）。HF 可以反映迷走神经的调节功能，主要与呼吸性窦性心律不齐有关，峰值随着呼吸频率而发生变化[2]。LF 多与压力反射调节相关联，它所表现的是交感神经与副交感神经系统对窦房结的相互调节作用[3]，LF/HF 等分析处理方法用于评价交感神经和迷走神经的平衡性。心率变异性也可以做 24 h 的频域分析，该分析所得频谱图总共分为以下 5 类：总功率（≤0.40 Hz）、超低频功率（≤0.003 3 Hz）、极低频功率（0.003 3～0.04 Hz）、低频功率（0.04～0.15 Hz）、高频功率（0.15～0.40 Hz）[4]。总体说来，由于 24 h 频谱分析检测时间长，所以其数据比 5 min 频域分析方法更有预测价值。心率变异性时域和频域常用参数及意义见表 4–1。

表 4–1　心率变异性时域和频域常用参数及意义

指标	参数名称	单位	含义	参考值	异常范围	发生异常的意义
时域指标	SDNN	ms	RR 间期标准差	141±39	＜100	交感神经活性增强
	SDANN	ms	以每 5 min 的 RR 间期平均值计算所有平均值的标准差	127±35	＜50	交感神经活性增强

[1] XHYHERI B，MANFRINI O，MAZZOLINI M，et al. Heart rate variability today[J]. Progress in Cardiovascular Diseases，2012，55（3）：321－331.

[2] FURLAN R，GUZZETTI S，CRIVELLARO W，et al. Continuous 24-hour assessment of the neural regulation of systemic arterial pressure and RR variabilities in ambulant subjects[J]. Circulation，1990，81（2）：537–547.

[3] BIGGER J T，FLEISS J L，ROLNITZKY L M，et al. Frequency domain measures of heart period variability to assess risk late after myocardial infarction[J]. Journal of the American College of Cardiology，1993，21（3）：729–736.

[4] 罗红雨. 冠心病充血性心力衰竭患者心率变异性分析[J]. 大家健康，2016，10（6）：61.

续表

指标	参数名称	单位	含义	参考值	异常范围	发生异常的意义
时域指标	RMSSD	ms	全程相邻 RR 间期差的均方根值	37±12	＜25	迷走神经活性减弱
	SDNN 指数	ms	以每 5 min 的 RR 间期标准差计算所有标准差的平均值	—	—	交感神经活性增强
	SDSD	ms	全部相邻 RR 间期差值的标准差	—	—	迷走神经活性减弱
	NN50	个	全部 RR 间期中，相邻 RR 间期之差＞50 ms 的数量	—	—	迷走神经活性减弱
	pNN50	%	RR50 除以总的 RR 间期个数，再乘以 100	—	＜50	迷走神经活性减弱
频域指标	TP	ms^2	输出总功率	3 466±1 018	—	—
	LF	ms^2	低频功率	1 170±416	0.04～0.15 Hz	反应自主神经对窦房结的调节功能
	HF	ms^2	高频功率	975±20	0.15～0.40 Hz	与迷走神经的调节功能有关
	LF/HF		低频功率/高频功率	1.5～2.0	—	交感神经与迷走神经之间的平衡性

1.3 人体体力活动量的生理检测

目前，身体机能监控系统已被广泛应用于运动训练中，并被使用在评估运动员训练效果和监测训练或者比赛引起的运动员压力和比赛之后恢复情况中。有研究[1]指出，身体机能监控系统已经成为目前运动训练监控的实用工具，用于监测耐力运动员或者运动团队由运动训练引起的压力，以评估训练或者比赛

[1] VESTERINEN V，HÄKKINEN K，HYNYNEN E，et al. Heart rate variability in prediction of individual adaptation to endurance training in recreational endurance runners.[J]. Scandinavian Journal of Medicine & Science in Sports，2013，23（2）：171－180.

的负荷或恢复情况。此外，夜间心率变异性还可用于评估急性耐力运动和压力管理或运动训练项目对个体后期恢复阶段的自主调节变化[1]，进而预测个人是否适应长时间的耐力训练。普尔基宁（Pulkkinen）等[2]曾用身体机能监控系统对国际水平的长跑者进行跟踪监测，发现其在进行强度过大的训练后，睡眠期间心率升高的同时心率变异性降低。研究人员总结，从训练诱导的夜间自主神经调节机制的变化中为运动员的训练情况提供反馈指标是可行的。

身体机能监控系统还可以依靠心率和呼吸速率的信息评估能量消耗，提高了估算能量的准确性。相对于传统计算能量消耗的方法，身体机能监控系统被认为是目前准确性较高的估计能量消耗的方法[3]。另外，身体机能监控系统易于使用，且不需要单独的校准测试[4]。最近的一项研究通过身体机能监控系统的一种新型验证方法，提供了大量工作年龄个体的身体活动强度特异性的准确数据，并且已经证明该方法能够提供比传统方法精确度高的数据[5]。

1.4　人体压力评估与监测

身体机能监控系统可以为人们提供每日压力情况、恢复情况和睡眠情况的直观数据。最近的两项研究通过使用身体机能监控系统调查了主观压力、客观

---

[1] NUMMELA A，HYNYNEN E，KAIKKONEN P，et al. Endurance performance and nocturnal HRV indices[J]. International Journal of Sports Medicine，2010，31（3）：154–159.

[2] PULKKINEN A，SAALASTI S，RUSKO H. Energy expenditure can be accurately estimated from HR without individual laboratory calibration：586 Board #177 3：30 PM–5：00 PM[J]. Medicine & Science in Sports & Exercise，2005，37（5）：S113.

[3] ROBERTSON A H，KING K，RITCHIE S D，et al. Validating the use of heart rate variability for estimating energy expenditure[J]. International Journal of Human Movement and Sports Sciences，2015，3（2）：19–26.

[4] FINNI T，HAAKANA P，PESOLA A J，et al. Exercise for fitness does not decrease the muscular inactivity time during normal daily life[J]. Scandinavian Journal of Medicine & Science in Sports，2014，24（1）：211–219.

[5] TEISALA T，MUTIKAINEN S，TOLVANEN A，et al. Associations of physical activity，fitness，and body composition with heart rate variability-based indicators of stress and recovery on workdays：a cross-sectional study[J]. Journal of Occupational Medicine & Toxicology，2014，9（1）：1–9.

压力和恢复之间的关系，并且解释了压力和恢复的影响因素。这两项研究都强调了身体机能监控系统在评估压力和恢复方面的可用性[1]。

身体机能监控系统的测试发现，人体的主观压力与客观压力直接相关，但与恢复情况成反比[2]，经过对性别、年龄、体力活动水平和体脂百分比的调整后，这些联系依然存在。研究发现，经常参加体育运动的人主观压力较小，年龄较大者伴随着更高的客观压力。他们认为主观自我压力与客观生理压力有关，同时也受到不同因素的影响。他们还认为客观压力的评估为主观压力的评估提供了一个额外的参考。通过身体机能监控系统测试，泰萨拉（Teisala）等[3]认为体力活动情况、身体素质状况和身体成分都与机体的压力和恢复状况相关联。更确切地说，人体活动水平、心肺耐力、身体成分、心率变异性与日常工作学习中的压力情况有直接关系。身体活动水平越高、身体素质越好、身体成分越健康，则在工作学习阶段的压力会越小，在全天的恢复情况也会越好。此外，有研究表明，客观测量的压力和自我表述的倦怠症状之间的关系是显著的。最近的一项研究也证实，那些身体活动好的人压力更小且恢复更快，与年龄和性别无关，活动量较高的人工作日压力都较低；身体素质较好的人在睡眠期间的恢复情况更好，这些都表明长期进行锻炼会改善身体状况并且对恢复有积极作用。身体机能监控系统研究工作压力和心率变异性之间的关系发现，白天的工作越努力，心率变异性越低且放松时间越少；工作、学习的压力和工作、学习的满意度与工作、学习时的心率变异性相关，但其烦躁情绪与夜间心率变异性

[1] FÖHR T，TOLVANEN A，MYLLYMÄKI T，et al. Subjective stress，objective heart rate variability-based stress，and recovery on workdays among overweight and psychologically distressed individuals：a cross-sectional study[J]. Journal of Occupational Medicine & Toxicology，2015，10（1）：39.

[2] FÖHR T，PIETILÄ J，HELANDER E，et al. Physical activity，body mass index and heart rate variability-based stress and recovery in 16275 Finnish employees：a cross-sectional study[J]. Bmc Public Health，2016，16（1）：701.

[3] TEISALA T，MUTIKAINEN S，TOLVANEN A，et al. Associations of physical activity，fitness，and body composition with heart rate variability-based indicators of stress and recovery on workdays：a cross-sectional study[J]. Journal of Occupational Medicine & Toxicology，2014，9（1）：1-9.

相关。乌西塔洛（Uusitalo）等[1]指出，作为一种诊断工具，传统的心率变异性测试仅仅能提供不同时期的平均值数据，但由于个体内部和个体间存在巨大的差异，所以解释其白天和夜晚迷走神经激活的持续时间一直是个问题。有研究表明，睡眠持续时间与压力源呈负相关，睡眠期间的放松时间越久，第二天的压力越小。身体机能监控系统也被用于评估睡眠期间的睡眠质量和恢复状况的研究中。许多研究报告表明，压力状态主导白天工作，放松状态主导夜晚睡眠，身体机能监控系统能够很好地区分开清醒和睡眠时的生理状态[2]，进而可以准确、有效地评估机体的压力状态和疲劳恢复状态。本研究通过身体机能监控系统来测试心率变异性的指标主要有时域指标中的 RMSSD、SDNN 和频域指标中的 HF、LF、LF/HF；除此之外，还有通过 Firstbeat 算法（基于一手数据，通过其建立人体生理模型计算出相应评估参数）测试出全天 24 h 的压力时间、睡眠放松时间、体力活动时间、恢复指数和学习时和睡眠时的平均心率。

1.5 研究目的

慢性疲劳综合征伴随着精神性疲劳和躯体性疲劳[3]。佩戴身体机能监控系统仪器，可通过对人体心率变异性的识别，对其能量代谢、日常压力、疲劳恢复和自主神经系统调节等方面的信息进行收集[4-5]。通过对人体活动水平、心

---

[1] UUSITALO A，METS T，MARTINMÄKI K，et al. Heart rate variability related to effort at work[J]. Applied Ergonomics，2011，42（6）：830−838.

[2] ARZA A，GARZÓN J M，HEMANDO A，et al. Towards an objective measurement of emotional stress：Preliminary analysis based on heart rate variability[C]//Conference proceedings：Annual International Conference of the IEEE Engineering in Medicine and Biology Society，2015：3331−3334.

[3] TOMAS C，FINKELMEYER A，HODGSON T，et al. Elevated brain natriuretic peptide levels in chronic fatigue syndrome associate with cardiac dysfunction：a case control study[J]. Open Heart，2017，4（2）：e000697.

[4] ROULEAU C R，TOMFOHR-MADSEN L M，CAMPBELL T S，et al. The role of maternal cardiac vagal control in the association between depressive symptoms and gestational hypertension[J]. Biological Psychology，2016，117（6）：32−42.

[5] ZHANG Y J，DU X P，LIU F，et al. The effects of guided imagery on heart rate variability in simulated spaceflight emergency tasks performers[J]. BioMed Research International，2015（2）：1−8.

肺耐力、身体成分、心率变异性和日常工作学习中的压力情况直接相关联，该仪器能够很好地区分开清醒和睡眠时的生理状态，有效评估机体的压力状态和疲劳恢复状态。该仪器佩戴方便，能够结合中学生慢性疲劳综合征的特点，获得中学生慢性疲劳综合征一些重要的生理特征信息。

研究表明，人体机能有强大的储备能力。机体在安静状态下储备力的代偿使生理机能的早期障碍无明显表现，但是在一定运动负荷的干预下储备力会被动员以承受运动负荷的需要。因此，在病理条件下，身体生理机能的储备会有不同程度的减弱，机体会进入一种失代偿的状态，同时会产生相应的表现，这对于疾病的诊断有很大的作用，也可以评价身体生理机能储备力的大小与病变程度的关系[1]。心功能是人体活动的主要限制因素之一。因此，检测日常生活和运动干预后两种状态下的人体生理状态和恢复情况十分必要。

1.6 技术路线图

本研究的技术路线图见图 4–1。

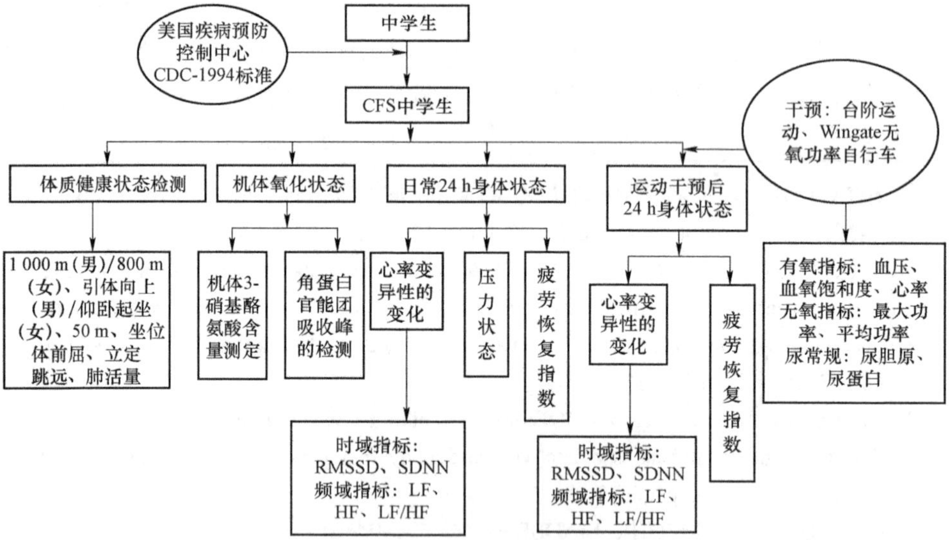

图 4–1 技术路线图

[1] DAWSON E A，WHYTE G P，BLACK M A，et al. Changes in vascular and cardiac function after prolonged strenuous exercise in humans[J]. Journal of Applied Physiology，2008，105（5）：1562–1568.

2　研究对象与方法

2.1　研究对象

本章主要对中学生慢性疲劳综合征的生理机能特征进行研究。根据CDC−1994 标准，本章对陕西省范围内的 26 所中学 10 000 名中学生进行慢性疲劳综合征筛选，筛选标准同第二章；选择 40 名以上同城、同龄的男生作为实验对象，其中选择 20 名以上男生（年龄为 17～19 岁）作为中学慢性疲劳综合征组，同时选择 20 名以上健康男生作为对照组。入选的中学生由研究组专业主治医师对其排除其他疾病，最终进行慢性疲劳综合征确诊。同时考虑到本研究中实验对象的可控性（相同的住宿、饮食、作息、运动测试等），去除无效数据后慢性疲劳综合征（CFS）组有 15 人，对照组有 15 人。所有实验对象均自愿参加本实验，并获得监护人与学校的许可。实验前，对中学生的身高、体重、BMI 和体脂百分比（体成分分析仪型号为 InBody230，韩国）进行了了解与测试。确认实验对象的基本情况均没有统计学差异后，开始进行测试。

实验对象基本信息见表 4−2。由表 4−2 可知，CFS 组和对照组的基本信息数据，在独立样本 t 检验后，均无显著性差异。两组中学生在年龄、身高和身体成分方面均无显著性差异，这样可以更好地避免实验对象自身基本情况对实验结果造成影响。

表 4−2　实验对象基本信息　　N=30

指标	对照组	CFS 组
年龄/岁	18.73±0.25	18.31 ± 0.24
身高/cm	176.30 ±1.37	176.50 ±1.47
体重/kg	71.46 ±1.73	68.65 ±3.58
BMI	22.92±0.60	22.25±1.12
体脂百分比	15.32±1.16	17.50±2.13
腰臀比	0.81±0.13	0.84±0.20
基础代谢/kJ	6 990.37±125.66	6 638.76±133.36

注：1 kJ=0.238 9 kcal。

2.2 研究方法

2.2.1 机体氧化状态测试

2.2.1.1 3-硝基酪氨酸的检测

样品的清洗：收集慢性疲劳综合征中学生和正常中学生的指甲，用0.15 mol/L 氯化钠（24 h）、水和乙醇依次洗涤，然后风干。

蛋白的提取：取清洗过的样品 40 μg，用 5 mL 2%的十二烷基硫酸钠（SDS）和 50 mmol/L 的磷酸钠（pH=7.8）冲洗，干燥后重新浸入 5 mL 2%的 SDS、50 mmol/L 的磷酸钠（pH=7.8）和 20 mmol/L 的二硫赤藓糖醇（DTE）混合液，在 65℃孵化过夜。样品在室温下用磁力搅拌器搅拌 1 h，离心（15 000 g）20 min，没有溶解的样品按照上述步骤重新处理 4～5 次，合并上清液，待测。

蛋白质浓度的测定：由于 3-硝基酪氨酸在 350～450 nm 处具有峰值吸光度（OD），因此通过紫外可见分光光度计测量样品的 OD，然后计算样品浓度。

2.2.1.2 角蛋白官能团变异峰的检测

样品的清洗方法同 2.2.1.1。

样品的测量：称取 3～5 mg 指甲样品与 400 mg 溴化钾（KBr）混匀，在玛瑙研钵中研磨 5～10 min，压片（压片时速度尽量快，以降低溴化钾粉末吸收空气中水分而对测试结果造成的影响），之后在红外光谱仪（Tensor 27，德国布鲁克）上选择 500～4 000 cm^{-1} 进行扫描，将测试出的数据导入软件（Origin 8.5），分析对比慢性疲劳综合征组中学生角蛋白的原子团和官能团与对照组中学生的差别。

2.2.2 日常 24 h 身体状态监测

测试时间从当天上午 10：00 开始到第二天上午 10：00。使用身体机能监控系统进行监测之前，先让中学生填写自我感觉评估表。在测试的一天中，让中学生记录自己的 24 h 活动日志（主观体力感觉等级量表见附录 3）。

身体机能监控系统仪器的佩戴：先连接电极和设备，去掉电极的表面，然后将设备贴在受试者身体上，仪器的大电极贴在身体的右侧锁骨下，小电极贴在身体的左侧肋骨下，设备连接完毕后自动启动，设备成功连接启动时会有绿灯闪烁。

数据的导出：摘下仪器后，通过身体机能监控系统兼容软件上传数据，将设备连接到计算机的 USB 端口并打开兼容的软件开始读取并导出数据，然后对数据进行分析。

注意事项：测试者在洗澡、蒸桑拿或者游泳时不允许佩戴设备，应将其取下来，当重新连接时设备将继续自动记录；电极贴是一次性的，每天至少更换一次；为了使电极片佩戴牢固，在佩戴仪器前需要用 75% 的酒精擦拭皮肤，去除皮肤分泌的油脂等物质，保持皮肤清洁。

2.2.3 运动干预后 24 h 身体状态监测

上午 9：00 开始对中学生进行运动干预。运动完，上午 10：00 佩戴身体机能监控系统仪器。

运动方式：本次实验采用改良的台阶试验和温盖特（Wingate）无氧功率自行车相结合的方式对其进行运动干预。在运动前，采集尿液指标；在运动期间，采集评价运动能力的相关指标；在运动后，采集尿液指标且进行 24 h 的身体状态监测。

2.2.3.1 有氧运动方式

由于此次实验对象均为男生，所以台阶的高度为 40 cm，运动时间为 180 s，运动频率为 30 次/min，确保受试者在做台阶试验前心率处于安静水平，运动完恢复期不受外界干扰。台阶运动结束后让受试者立刻坐在椅子上休息，同时测量其心率，主要测量运动后 1～1.5 min、2～2.5 min、3～3.5 min 的心率，分别表示为 P1、P2、P3，并进行台阶指数的计算。公式为：台阶指数 = 运动持续时间（s）×100/2（P1+P2+P3）。在台阶试验前就贴好心电监护仪的电极片，监控运动过程中的心率，以及记录运动后的心率。

2.2.3.2 无氧运动方式

温盖特无氧功率自行车的测试负荷为中学生的体重。在测试前，让受试者做 10 min 准备活动，并调整自行车的座位、脚踏板，让测试者尽全力蹬自行车，30 s 结束后，记录整个过程的最大无氧功率、最小无氧功率和平均无氧功率。通过公式［（最大无氧功率 − 最小无氧功率）/最大无氧功率×100%］计算无氧功率递减率，即疲劳指数。

2.2.3.3 尿液采集与分析

用容量为 5 mL 的带盖离心管，分别采集运动前和运动后 3 h 的尿液，采集量不少于 2 mL，采样后置于液氮罐低温保存待测。使用尿液分析仪（桂林优利特 URIT-180）测定运动前后两组中学生的尿常规，重点对比分析与疲劳相关的尿常规指标，即尿蛋白（PRO）和尿胆原（URO）。

身体机能监控系统的监测方式同日常 24 h 的监测方式。

2.2.4 数理统计法

将测试所得的数据，先录入 Excel 软件；然后采用独立样本 *t* 检验对各项测试结果进行显著性差异比较；最后使用 Origin 8.5 软件对红外光谱测试的数据进行统计对比分析。

3 结果与分析

3.1 中学生机体氧化状态的检测结果

3.1.1 3-硝基酪氨酸含量的检测结果

两组中学生指甲中 3- 硝基酪氨酸含量的检测结果见图 4-2。结果显示：两组中学生体内的 3- 硝基酪氨酸含量有差异，慢性疲劳综合征组的 3- 硝基酪氨酸的含量明显高于对照组，说明其体内的氧化应激程度强于对照组中学生。

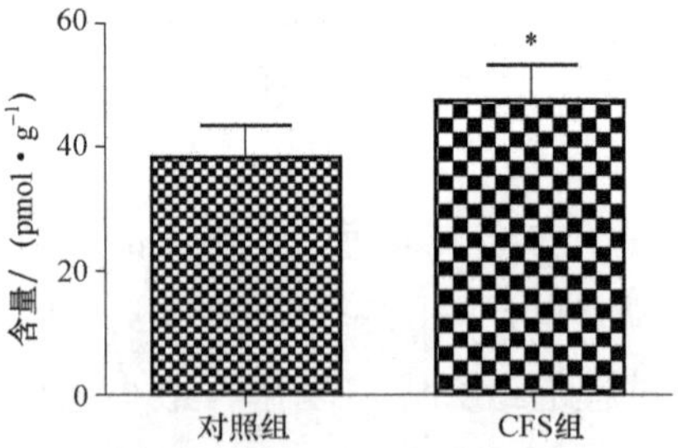

注：*表示与对照组相比较时 $p<0.05$。

图 4-2 两组中学生指甲中 3- 硝基酪氨酸含量的检测结果

3.1.2 角蛋白官能团吸收峰的检测结果

两组中学生角蛋白官能团吸收峰的变化见图 4-3。

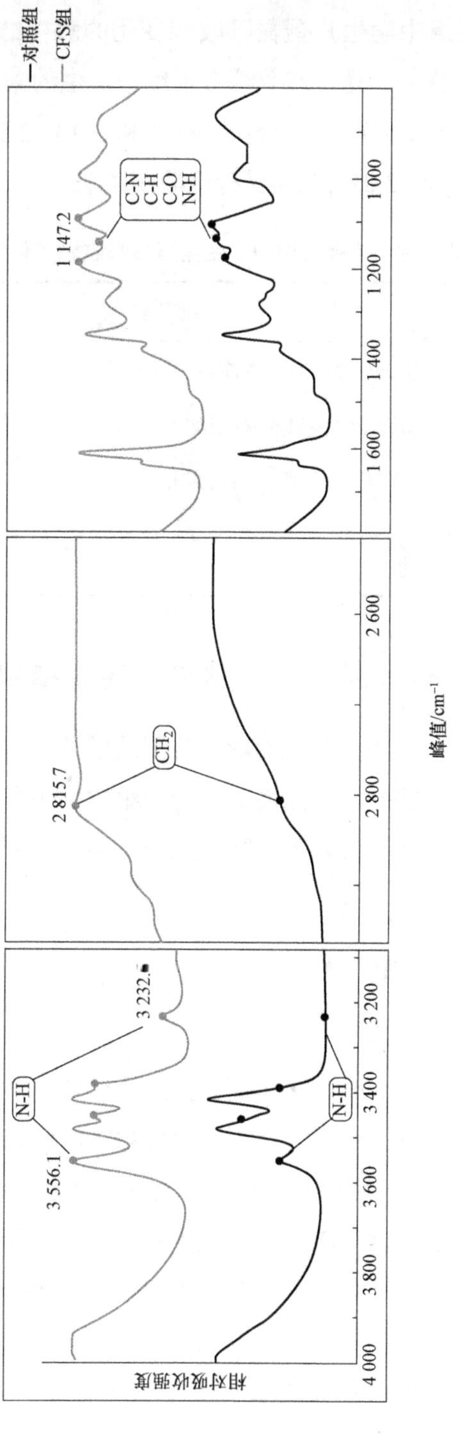

图 3-3　两组中学生角蛋白官能团吸收峰的变化

慢性疲劳综合征组中学生角蛋白吸收峰变化的解析结果见表 3–3。结果显示：相对于对照组中学生，慢性疲劳综合征组中学生的角蛋白红外光谱四处吸收峰有较明显差异，主要体现在 3 556.1 cm^{-1} 和 1 147.2 cm^{-1} 处峰吸收的强度变弱；在 3 232.6 cm^{-1} 和 2 815.7 cm^{-1} 处吸收峰消失。

表 4–3　慢性疲劳综合征组中学生角蛋白吸收峰变化的解析结果

吸收峰位置/cm^{-1}	振动模式	强度变化
3 556.1	蛋白质分子 N–H 伸缩振动	变弱
3 232.6	蛋白质分子 N–H 伸缩振动	消失
2 815.7	CH_2 的对称伸缩和反对称伸缩振动	消失
1 147.2	蛋白质分子 C–N 伸缩振动；C–H、C–O 和 N–H 的变形振动	变弱

3.2　中学生日常 24 h 身体机能状态的监测结果

两组中学生日常 24 h 的身体机能状态监测结果见图 4–4。从图 4–4 可明显看出：相对于对照组中学生，慢性疲劳综合征组中学生日常压力较大且持续时间较长，夜晚睡眠时间不足或处于浅睡眠状态，疲劳恢复情况不如对照组，体力活动时间明显不足。

3.2.1　心率变异性的变化特征

3.2.1.1　时域指标

两组中学生日常 24 h 的时域指标均值与比较见表 4–4 与图 4–5。从结果可以看出，两组中学生在日常生活状态下的 RMSSD 值和 SDNN 值有差异。慢性疲劳综合征组的 RMSSD 值和 SDNN 值小于对照组。慢性疲劳综合征组的 SDNN 值个体差异较大。由于 RMSSD 值与副交感神经活性呈正相关，值越小说明副交感神经活性越弱；而 SDNN 值与交感神经活性呈负相关，值越小说明其交感神经活性越强。因此，可以看出，慢性疲劳综合征中学生可能存在交感神经活性较强而副交感神经活性较弱的情况。

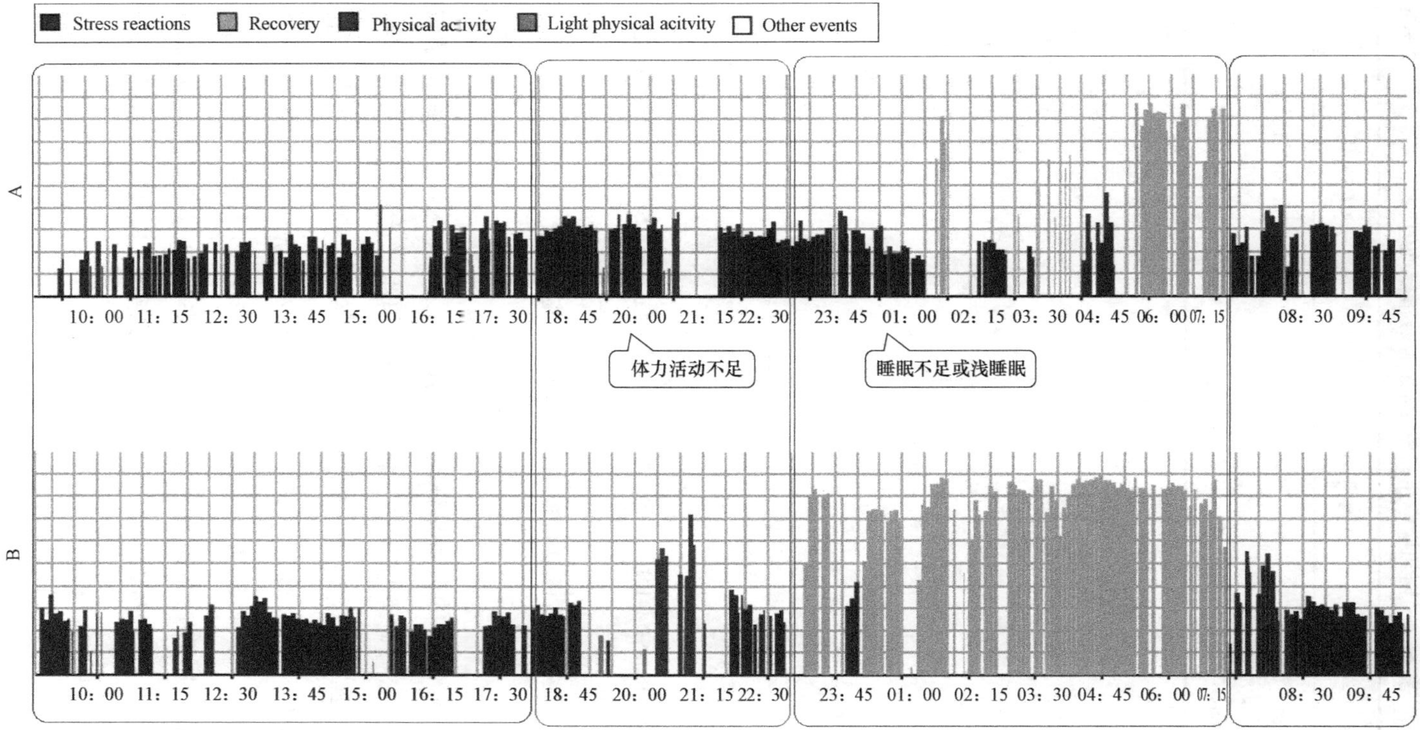

注：A 表示 CFS 组，B 表示对照组。Stress reactions 表示压力状态，Recovery 表示恢复状态，Physical activity 表示高体力活动，Light physical activity 表示轻体力活动，Other events 表示其他。

图 3-4　两组中学生日常 24 h 的身体机能状态监测结果

表 4–4　两组中学生日常 24 h 时域指标均值　　N=30

时域指标	对照组	CFS 组
RMSSD 值/ms	44.53±10.01	38.69±7.18*
SDNN 值/ms	141.50±12.90	126.50±25.10*

注：*表示 $p<0.05$。

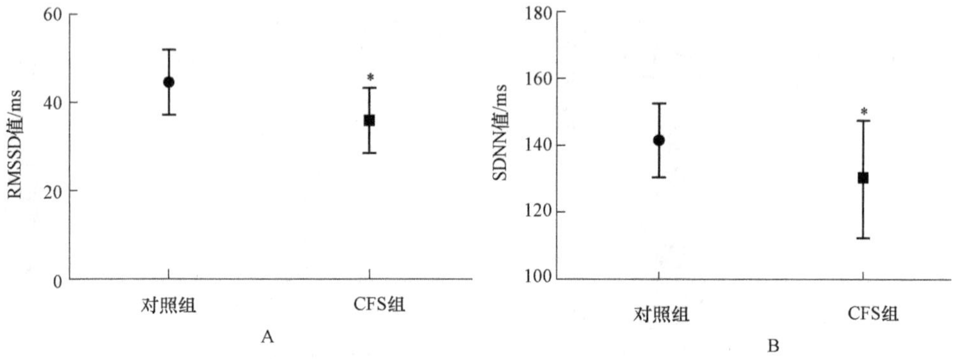

注：A 表示两组中学生 RMSSD 值比较，B 表示两组中学生 SDNN 值比较，*表示与对照组相比较时 $p<0.05$。

图 4–5　两组中学生日常 24 h 时域指标比较

3.2.1.2　频域指标

两组中学生日常 24 h 的频域指标均值见表 4–5。结果表明：两组中学生在日常情况下频域指标有显著性差异。相对于对照组中学生，慢性疲劳综合征组中学生的低频功率高，而高频功率低，低频功率与高频功率的比值高。慢性疲劳综合征组的 LF 值个体差异大。由于 LF 值和 LF/HF 值的大小与交感神经活性呈正相关，HF 值的大小与迷走神经活性呈正相关。因此，通过以上数值可以分析出，慢性疲劳综合征中学生的交感神经活性强而迷走神经活性弱。图 4–6 至图 4–8 是两组中学生 24 h 的频域指标 LF 值、HF 值和 LF/HF 值的个体分布图与对比图。

表 4–5　两组中学生日常 24 h 频域指标均值对比结果　　N=30

频域指标	对照组	CFS 组
LF 值/ms^2	1 456.00±20.35	1 582.00±40.52**
HF 值/ms^2	927.50±21.84	779.00±24.29***
LF/HF 值	1.59±0.03	2.04±0.04***

注：与对照组相比较，**表示 $p<0.01$，***表示 $p<0.001$。

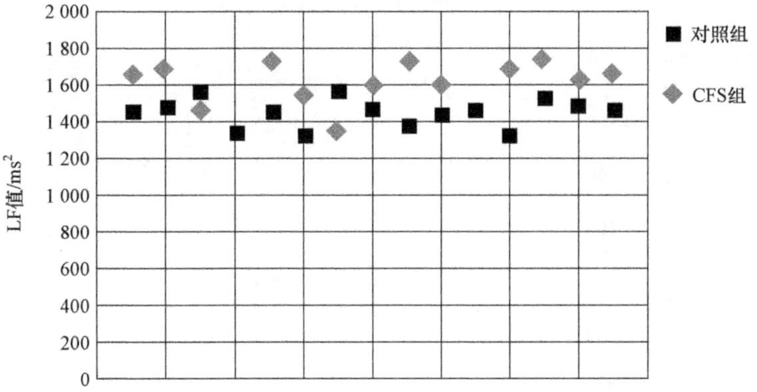

A

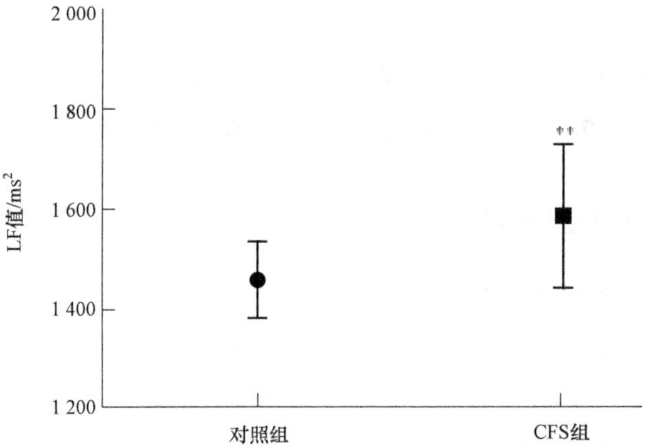

B

注：A 表示个体分布，B 表示均值对比图；**表示与对照组比较时 $p<0.01$。

图 4–6　两组中学生 24 h 的频域指标 LF 值比较

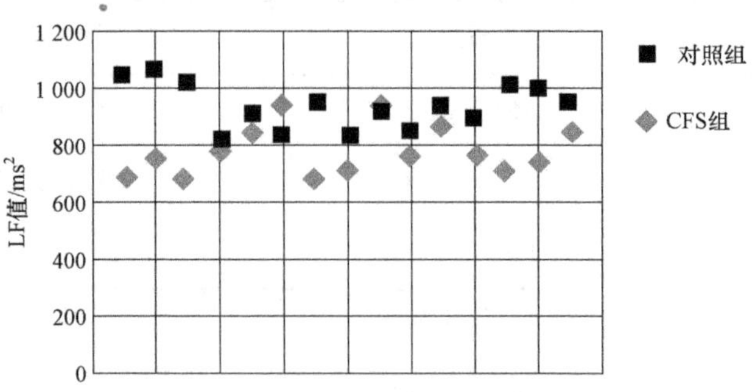

A

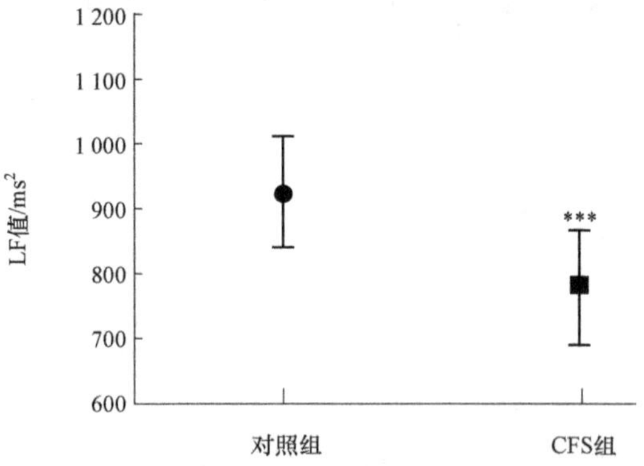

B

注：A 表示个体分布，B 表示均值对比图；***表示与对照组比较时 $p<0.001$。

图 4–7　两组中学生 24 h 的频域指标 HF 值比较

3.2.2　压力及疲劳恢复状态

3.2.2.1　日常 24h 压力、放松及体力活动时间比较

两组中学生日常 24 h 压力、放松和体力活动时间比较结果见表 4–6。结果显示：一天 24 h 内两组中学生的放松时间和体力活动时间有显著性差异，慢性疲劳综合征组中学生的放松时间和体力活动时间比对照组中学生少；两组中学生的压力时间没有差异，可以看出慢性疲劳综合征中学生每天学习时间长而放松时间短。两组中学生日常 24h 压力、放松和体力活动时间对比见图 4–9。

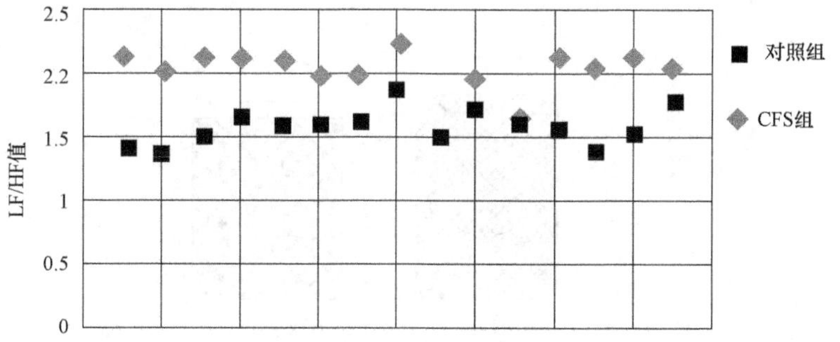

A

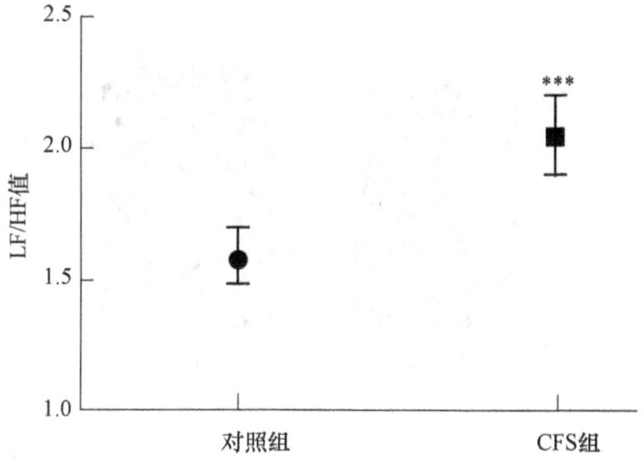

B

注：A 表示个体分布，B 表示均值对比图；***表示与对照组比较时 $p<0.001$。

图 4–8　两组中学生 24 h 的频域指标 LF/HF 值比较

表 4–6　两组中学生 24 h 压力、放松及体力活动时间比较结果　　$N=30$

	对照组	CFS 组
压力时间/min	550.30±41.52	553.60±53.15
放松时间/min	517.80±22.82	454.20±10.63*
体力活动时间/min	76.13±5.74	55.46±3.02**

注：与对照组相比较，*表示 $p<0.05$，**表示 $p<0.01$。

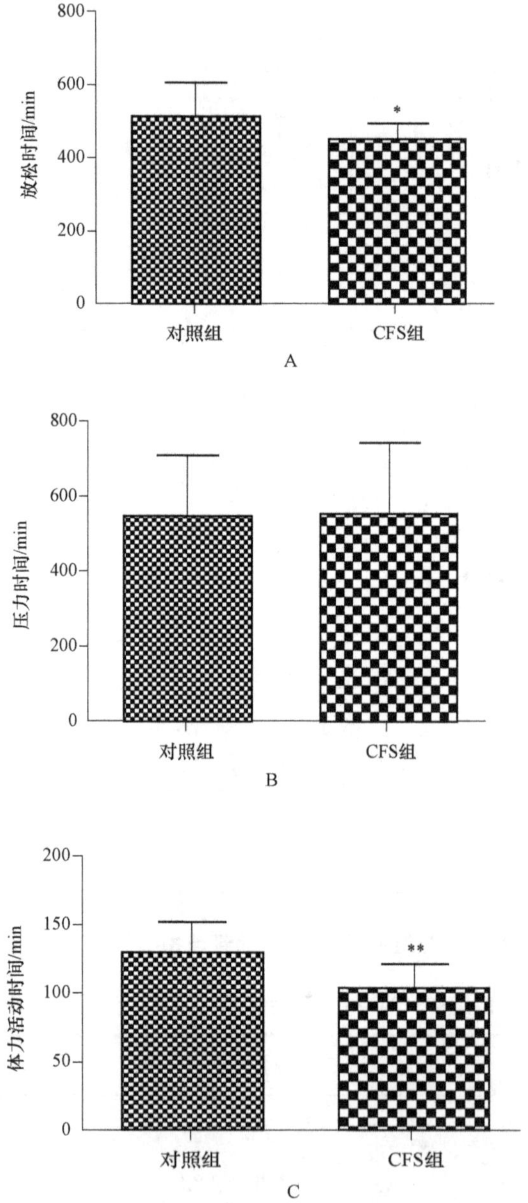

注：A 表示放松时间，B 表示压力时间，C 表示体力活动时间；
与对照组相比较，*表示 $p<0.05$，**表示 $p<0.01$。

图 4–9　日常 24 h 压力、放松及体力活动时间对比图

3.2.2.2　不同时间段心率和心率变异性的比较

两组中学生白天学习期间和夜晚睡眠恢复期间的心率和心率变异性均值见表 4–7。结果显示，上午学习期间两组中学生的心率和 SDNN 值无明显差异；下午学习时，慢性疲劳综合征中学生的心率比正常人群（对照组）高而心率变异性低，表现出差异性；晚上睡眠期间的心率和 RMSSD 值也有显著性差异，表现为慢性疲劳综合征组的心率较高而 RMSSD 值较低。两组中学生白天学习期间和夜晚睡眠恢复期间的心率和心率变异性的对比见图 4–10 至图 4–12。

表 4–7　两组中学生不同时间段心率和心率变异性的比较　　*N*=30

时间段	指标	对照组	CFS 组
上午学习期间	平均心率/（次 • min^{-1}）	82.53±1.13	84.54±1.83
	SDNN 值/ms	147.50±1.57	143.70±1.64
下午学习期间	平均心率/（次 • min^{-1}）	82.67±1.75	88.38±1.46*
	SDNN 值/ms	148.40±2.93	140.50±1.73*
晚上睡眠期间	平均心率/（次 • min^{-1}）	59.53±0.99	63.23±1.52*
	RMSSD 值/ms	43.60±1.07	38.23±1.53*

注：与对照组相比较，*表示 $p<0.05$，**表示 $p<0.01$。

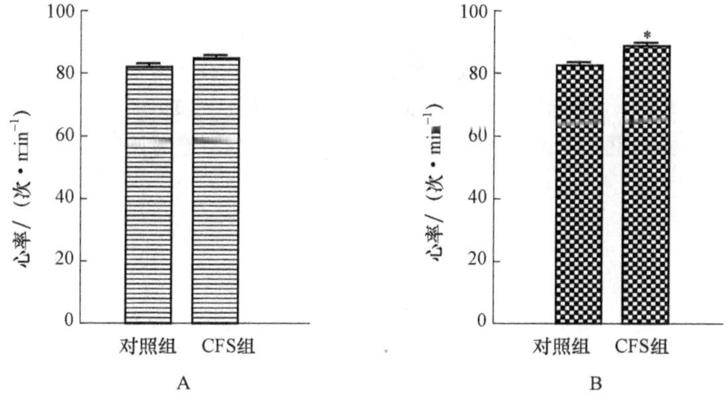

注：A 表示上午时段，B 表示下午时段，C 表示晚上时段；
与对照组相比较，*表示 $p<0.05$，**表示 $p<0.01$。

图 4–10　两组中学生不同时段平均心率对比图

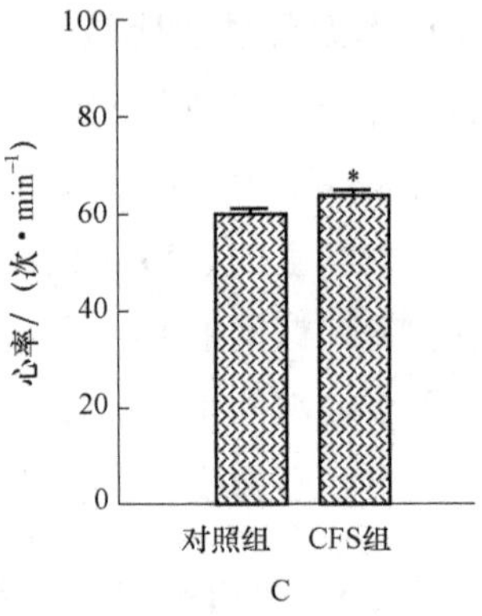

注：A 表示上午时段，B 表示下午时段，C 表示晚上时段；
与对照组相比较，*表示 $p<0.05$，**表示 $p<0.01$。

图 4–10　两组中学生不同时段平均心率对比图（续）

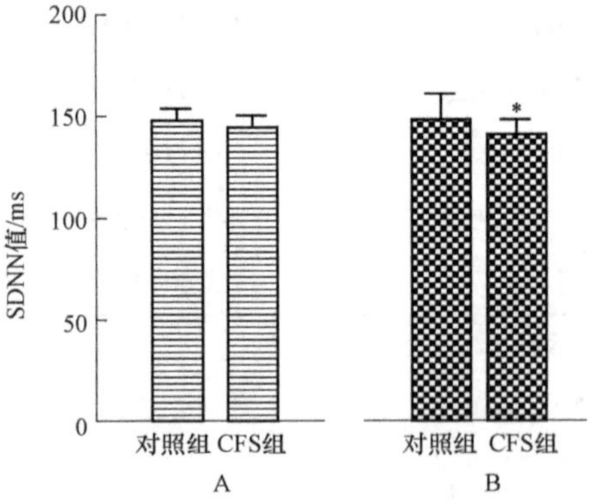

注：A 表示上午时段，B 表示下午时段；
与对照组相比较，*表示 $p<0.05$，**表示 $p<0.01$。

图 4–11　两组中学生不同时段 SDNN 值对比图

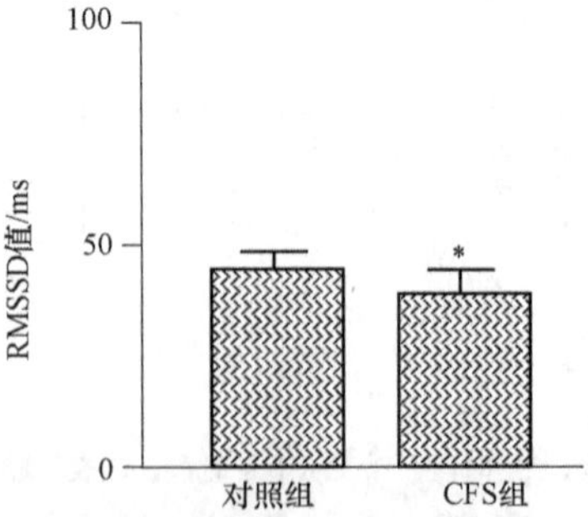

注：与对照组相比较，*表示 $p<0.05$。

图 4–12　两组中学生晚上时段 RMSSD 值对比图

3.2.2.3　午睡习惯调查结果

调查发现，慢性疲劳综合征组中学生没有养成良好的午睡习惯，具体情况见图 4–13。结果显示：大部分中学生没有良好的午睡习惯，很多中学生利用午睡时间学习或做其他事情，还有一部分中学生在午睡时间去运动。慢性疲劳综合征组的中学生在午睡期间睡觉和参加体育锻炼的人数少于对照组，学习和做其他事情的人数多于对照组。

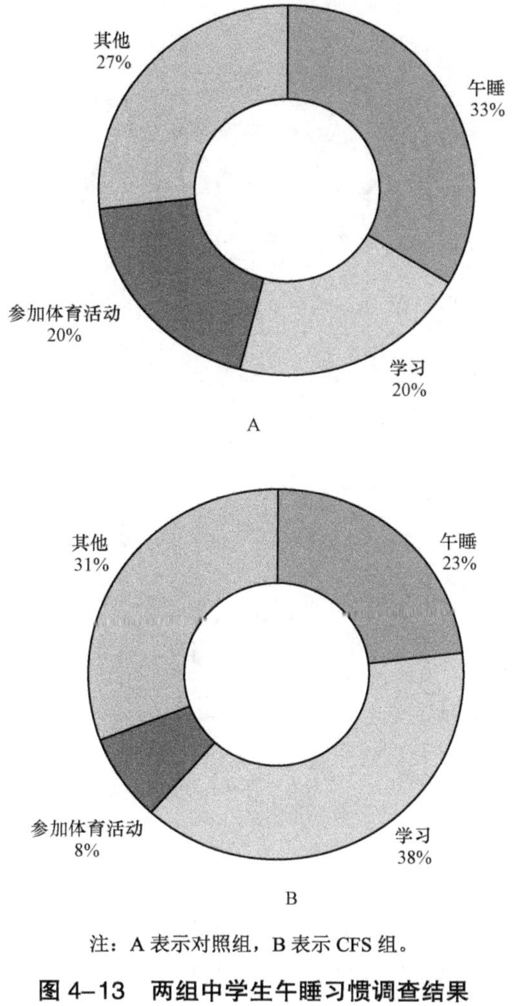

注：A 表示对照组，B 表示 CFS 组。

图 4–13　两组中学生午睡习惯调查结果

3.2.2.4 疲劳恢复状态比较

两组中学生的入睡时间与睡眠总时间的散点分布见图 4–14。结果显示：两组中学生属于入睡时间晚且睡眠时间少的人群，但是与对照组相比较，慢性疲劳综合征组中学生夜晚入睡时间更晚，大部分中学生入睡时间在晚上 11：00 之后。而 CFS 组中学生的夜晚睡眠总时间较对照组中学生少（图 4–15），但没有显著性差异（$p>0.05$）。两组中学生的疲劳恢复指数相比较，CFS 组中学生明显低于对照组（$p<0.05$），见图 4–16。

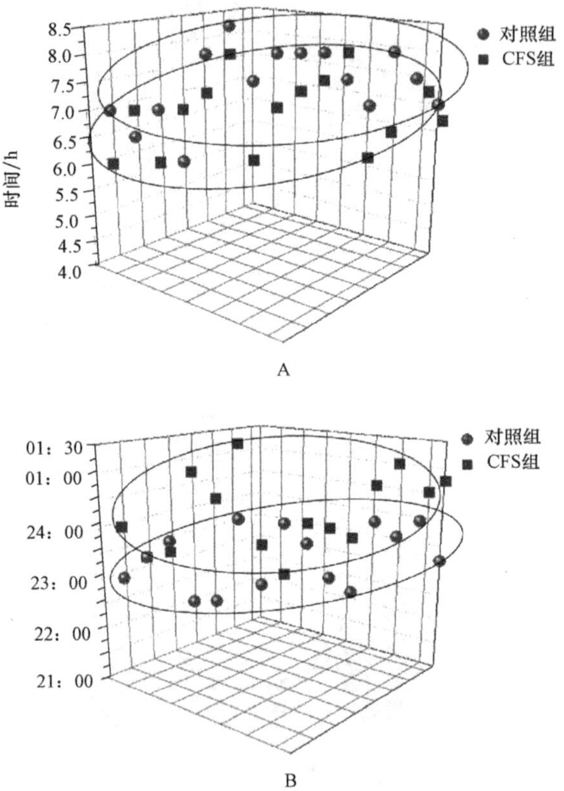

注：A 表示睡眠总时间，B 表示入睡时间。

图 4–14　两组中学生入睡时间与睡眠总时间散点分布图

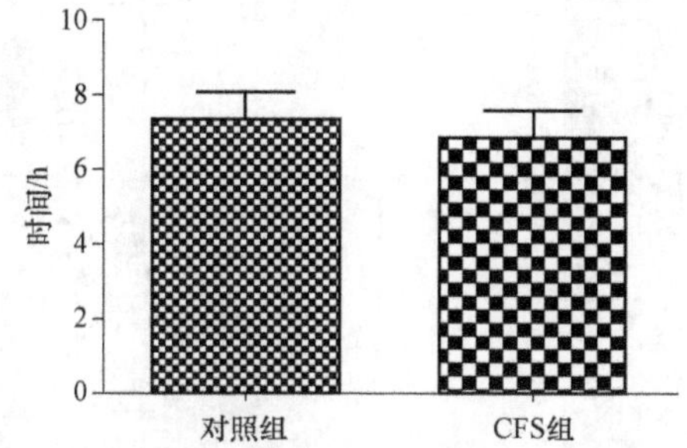

图 4–15　两组中学生夜晚睡眠总时间对比图

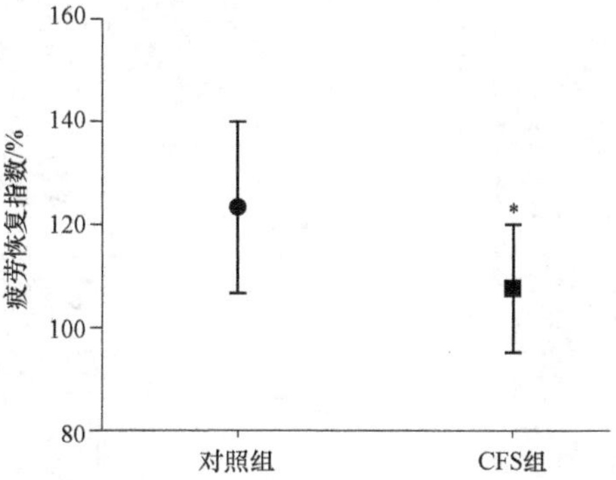

注：与对照组相比较时，*表示 $p<0.05$。

图 4–16　两组中学生疲劳恢复指数对比图

3.3　中学生运动干预后 24 h 身体机能状态的监测结果

中学生运动干预后 24 h 的身体状态见图 4–17。结果表明：经过运动干预后，慢性疲劳综合征中学生的深色压力区域幅度和密度增加，存在入睡障碍或者浅睡眠状态，疲劳恢复情况不如对照组，体力活动时间少于对照组。

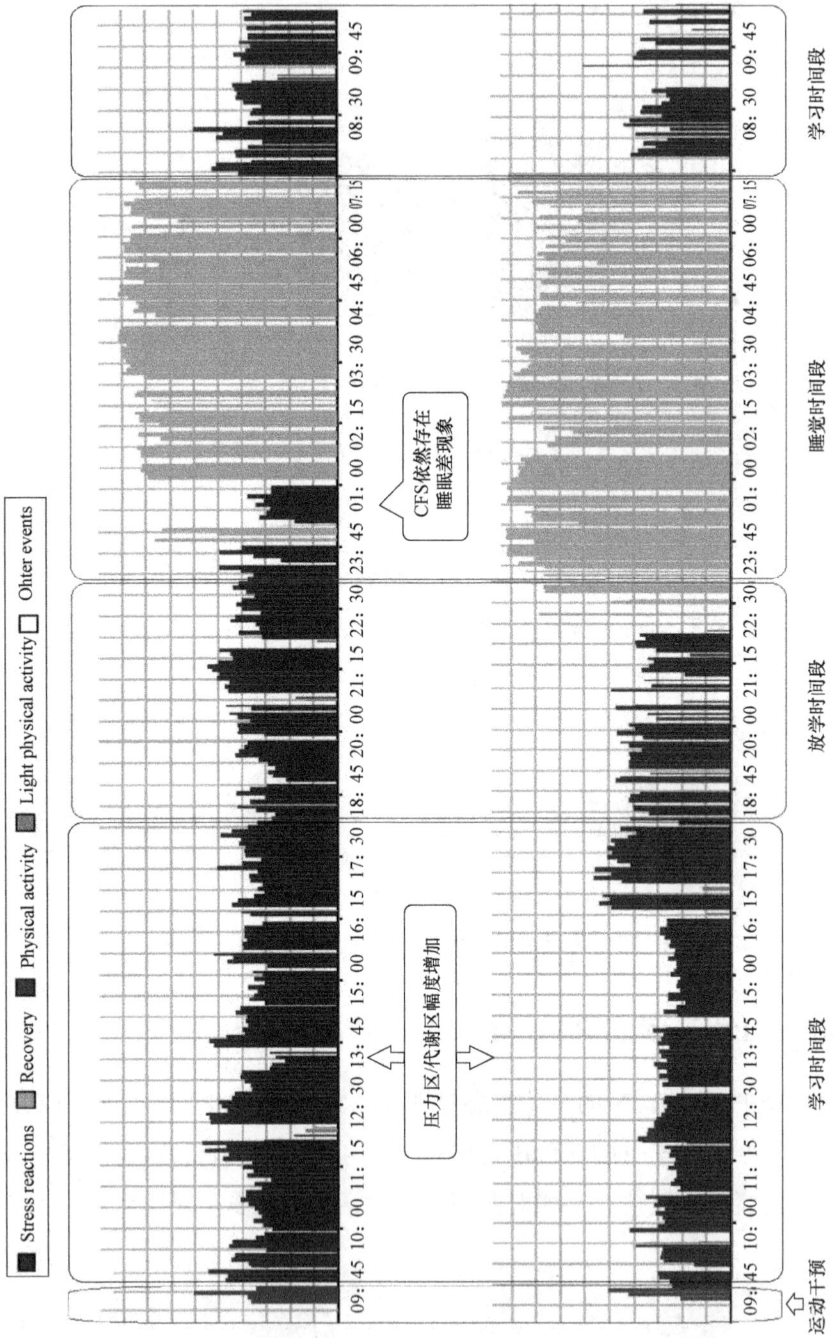

注：A 表示 CFS 组，B 表示对照组，Stress reactions 表示压力状态，Recovery 表示恢复状态，Physical activity 表示高体力活动，Light physical activity 表示轻体力活动，Other events 表示其他。

图 3–17　中学生运动干预后 24 h 的身体机能监测结果

3.3.1　运动期间采集的数据结果

3.3.1.1　台阶试验相关数据结果

台阶试验采集的相关数据有：运动前后血压，运动后即刻、1.5 min、2.5 min 和 3.5 min 的心率，由心率计算出的台阶指数和台阶指数相对值，血氧饱和度。台阶试验前后血压变化见表 4–8。从表 4–8 可以看出，在进行台阶试验前后两组中学生的收缩压差异不明显，舒张压有差异性，运动前和运动后慢性疲劳综合征组的收缩压和舒张压都高于对照组。

表 4–8　台阶试验前后血压变化　　N=30

组别	运动前/mmHg		运动后/mmHg	
	收缩压	舒张压	收缩压	舒张压
对照组	121.31±7.82	71.75±8.95	140.26±8.07	82.13±8.49
CFS 组	128.63±7.07	78.75±8.95*	147.45±6.65	88.59±6.21*

注：与对照组相比较，*表示 $p<0.05$。

两组中学生运动后恢复期的心率变化与台阶指数的测试结果见表 4–9。结果显示：慢性疲劳综合征组中学生运动后即刻、1.5 min、2.5 min 和 3.5 min 的心率高于对照组，说明其运动后心率恢复慢。两组中学生的台阶指数有显著性差异，但台阶指数的相对值没有显著性差异（图 4–18）。两组中学生运动前后的血氧饱和度测试结果见图 4–19，结果显示：两组中学生的血氧饱和度在运动前与运动后无显著性差异。

表 4–9　两组中学生运动后恢复期的心率变化及台阶指数的测试结果　　N=30

指标	对照组	CFS 组
运动后即刻心率/（次 • min^{-1}）	151.30±2.00	157.50±1.46*
运动后 1.5 min 心率/（次 • min^{-1}）	140.40±1.72	144.70±1.65
运动后 2.5 min 心率/（次 • min^{-1}）	122.60±1.18	128.70±2.05*
运动后 3.5 min 心率/（次 • min^{-1}）	105.00±1.40	111.40±2.28*
台阶指数/%	27.49±0.17	23.42±0.24*
台阶指数的相对值/%	0.37±0.01	0.35±0.02

注：与对照组相比较，*表示 $p<0.05$。

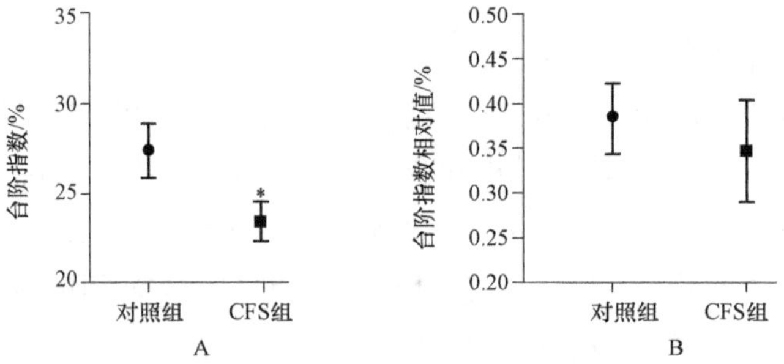

注：A 表示台阶指数；B 表示台阶指数相对值；*表示 $p<0.05$。

图 4–18　两组中学生台阶指数和台阶指数相对值结果比较图

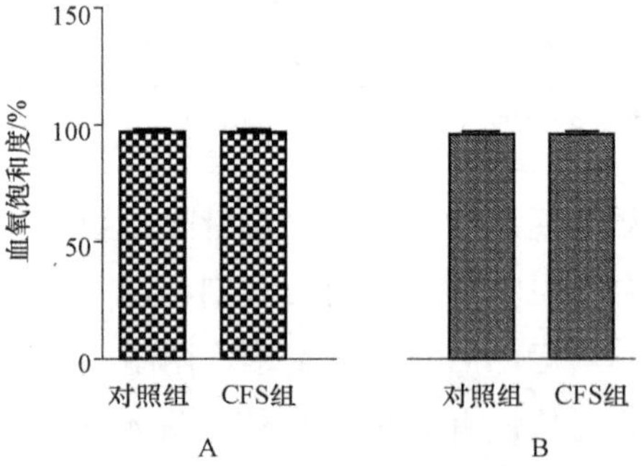

注：A 表示运动前，B 表示运动后。

图 4–19　两组中学生运动前后血氧饱和度比较图

3.3.1.2　无氧运动能力测试数据结果

无氧运动能力测试采集的数据有：最大无氧功率的绝对值和相对值、平均无氧功率的绝对值和相对值、最小无氧功率的绝对值和相对值、疲劳指数。两组中学生无氧运动能力测试结果见表 4–10。结果显示：CFS 组中学生的最大无氧功率绝对值和平均无氧功率绝对值与对照组相比较，均有显著性的降低（$p<0.05$ 与 $p<0.01$）。其他几项测试指标相对于对照组，均无显著性差异。图 4–20 是中学生无氧运动能力指标测试结果比较图。

表 4–10　两组中学生无氧运动能力测试结果　　N=30

指标	对照组	CFS 组
最大无氧功率/W	539.90±16.80	482.60±16.70*
最小无氧功率/W	287.30±19.60	264.60±11.96
平均无氧功率/W	400.50±13.56	360.80±11.58**
最大无氧功率/体重/（W • kg^{-1}）	7.65±0.35	7.15±0.37
最小无氧功率/体重/（W • kg^{-1}）	4.08±0.32	3.95±0.26
平均无氧功率/体重/（W • kg^{-1}）	5.67±0.22	5.34±0.26
疲劳指数/%	47.36±2.46	44.53±2.95

注：与对照组相比较，*表示 $p<0.05$，**表示 $p<0.01$。

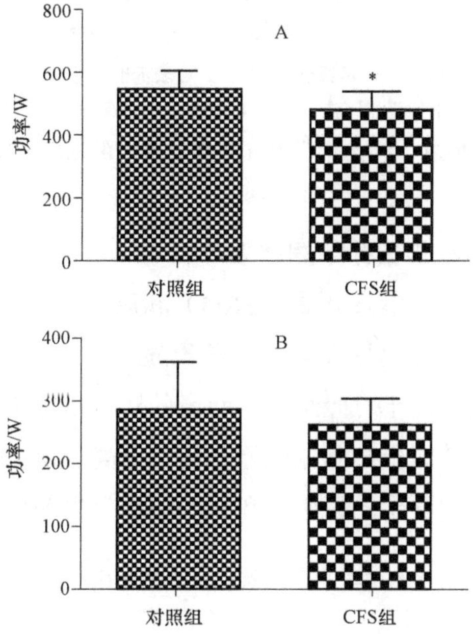

注：A 表示最大无氧功率，B 表示最小无氧功率，C 表示平均无氧功率，D 表示疲劳指数；与对照组相比较，*表示 $p<0.05$，**表示 $p<0.01$。

图 4–20　两组中学生无氧运动能力的比较

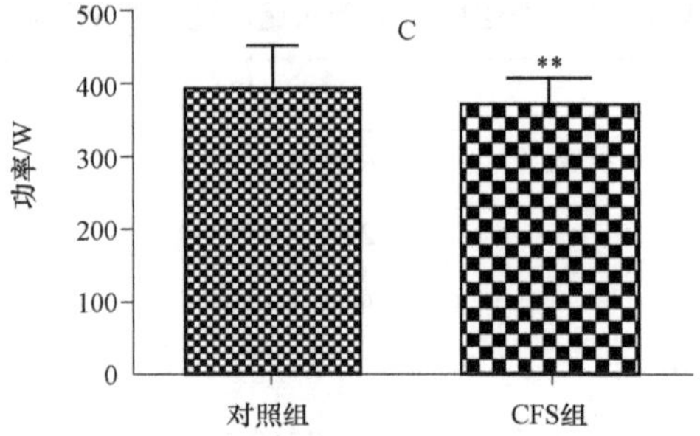

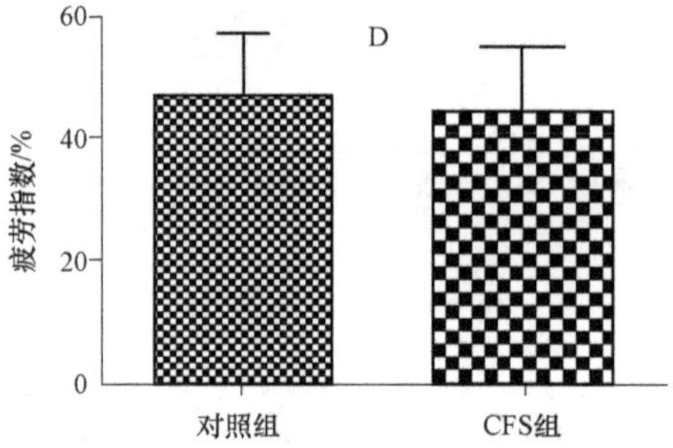

注：A 表示最大无氧功率，B 表示最小无氧功率，C 表示平均无氧功率，D 表示疲劳指数；与对照组相比较，*表示 $p<0.05$，**表示 $p<0.01$。

图 4–20　两组中学生无氧运动能力的比较（续）

3.3.1.3　疲劳相关尿常规指标数据结果

疲劳相关尿常规指标有尿蛋白（PRO）和尿胆原（URO），两组中学生运动前后 PRO 和 URO 的变化见表 4–11。结果显示：运动前慢性疲劳综合征组尿液中的尿胆原含量明显高于对照组，但两者的尿蛋白含量没有明显差异；运动后慢性疲劳综合征组的尿蛋白和尿胆原含量显著高于运动后对照组。与运动前相比较，运动后两组中学生的尿胆原和尿蛋白均有显著增加。

表 4–11　两组中学生运动前后尿蛋白和尿胆原含量的变化　$N=30$

指标	运动前		运动后	
	对照组	CFS 组	对照组	CFS 组
PRO	0.12±0.02	0.13±0.08	0.15±0.02$^{\#}$	0.22±0.12$^{*\#}$
URO	15.75±7.87	31.37±3.92*	22.20±3.50$^{\#}$	41.25±3.15$^{**\#}$

注：与对照组相比较，*表示 $p<0.05$，**表示 $p<0.01$；与运动前相比较，#表示 $p<0.05$。

3.3.2　运动后心率变异性相关指标测试结果

3.3.2.1　时域指标

两组中学生运动后 24 h 的时域指标均值见表 4–12 与图 4–21。结果显示：在经过运动干预后，两组中学生的时域指标有显著性差异，其差异性比未经运动干预时变得更加显著。慢性疲劳综合征组的 RMSSD 值和 SDNN 值均低于对照组，说明在经过运动后 24 h，慢性疲劳综合征组一直处于交感神经激活且迷走神经抑制的状态，身体没有得到充分的恢复。

表 4–12　两组中学生运动干预后 24 h 的时域指标均值变化结果　N=30

时域指标	对照组	CFS 组
RMSSD 值/ms	42.08±7.60	31.15±7.39**
SDNN 值/ms	150.91±23.82	118.53±25.01**

注：**表示与对照组相比较时 p<0.01。

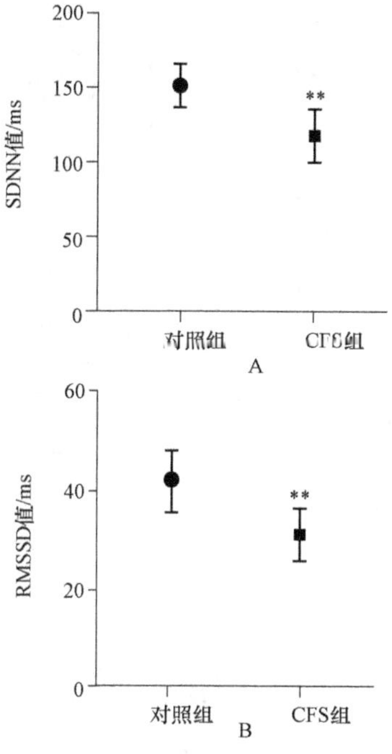

注：A 表示 SDNN 值比较，B 表示 RMSSD 值比较。

图 4–21　两组中学生运动后 24 h 的时域指标均值比较图

3.3.2.2 频域指标

两组中学生运动干预后 24 h 的频域指标测试结果见表 4–13 和图 4–22。结果显示：运动干预后 24 h 两组中学生的 LF 值和 LF/HF 值有显著性差异。但运动干预没有使频域指标的差异性变得更加显著。两组中学生频域指标测试值散点图见图 4–23，结果显示，慢性疲劳综合征组中学生的 LF 值和 HF 值的离散度变大。

表 4–13 两组中学生运动干预后 24 h 的频域指标测试结果 N=30

频域指标	对照组	CFS 组
LF 值/ms^2	1 457.39±124.82	1 573.43±153.55*
HF 值/ms^2	893.91±118.38	806.54±138.74
LF/HF 值	1.63±0.12	1.95±0.58**

注：*表示与对照组相比较时 $p<0.05$，**表示与对照组相比较时 $p<0.01$。

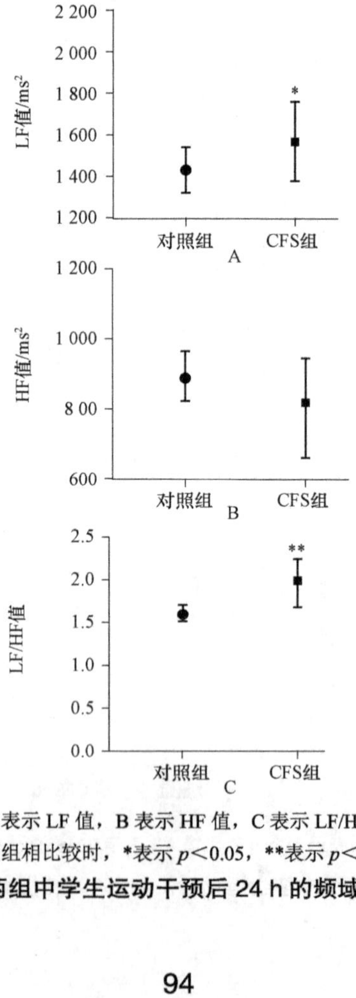

注：A 表示 LF 值，B 表示 HF 值，C 表示 LF/HF 值；
与对照组相比较时，*表示 $p<0.05$，**表示 $p<0.01$。

图 4–22 两组中学生运动干预后 24 h 的频域指标比较图

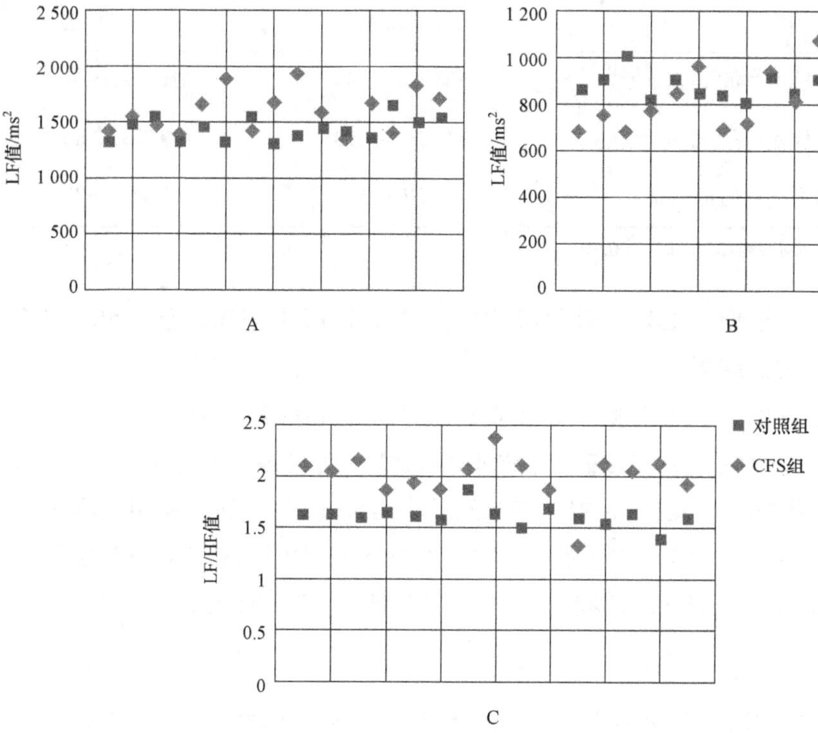

注：A 表示 LF 值，B 表示 HF 值，C 表示 LF/HF 值。

图 4–23　两组中学生频域指标测试值散点图

3.3.3　压力及疲劳恢复情况测试结果

3.3.3.1　运动干预后 24 h 压力、放松及体力活动时间测试结果

两组中学生运动干预后 24 h 的压力、放松和体力活动时间测试结果见表 4–14。结果显示：运动干预后，慢性疲劳综合征组的放松时间和体力活动时间比对照组少，压力时间无明显差异。

表 4–14　两组中学生运动干预后 24 h 的压力、放松及体力活动时间测试结果　N=30

时间	对照组	CFS 组
压力时间/min	504.80±27.80	510.10±35.38
放松时间/min	530.50±19.50	498.30±12.60*
体力活动时间/min	78.07±3.67	67.31±2.57*

注：*表示与对照组相比较时 $p<0.05$。

3.3.3.2　运动干预后 24 h 不同学习时间段与夜晚睡眠期间的心率和心率变异性测试结果

两组中学生白天学习期间和夜晚睡眠期间的心率和心率变异性均值见表 4–15。两组中学生白天学习期间和夜晚睡眠恢复期间的心率对比见图 4–24，心率变异性指标对比见图 4–25。结果表明，运动干预后 24 h 两组中学生的心率无明显差异。上午学习时两组中学生的 SDNN 值无明显差异，下午学习时慢性疲劳综合征组的 SDNN 值和夜晚睡眠时 RMSSD 值与对照组相比较，存在显著性差异。

表 4–15　两组中学生运动干预后 24 h 不同学习时段与夜晚睡眠期间的心率和心率变异性均值　N=30

时间段	指标	对照组	CFS 组
上午学习期间	平均心率/（次・min^{-1}）	85.00±1.25	86.23±1.88
	SDNN 值/ms	138.50±3.03	141.20±3.04
下午学习期间	平均心率/（次・min^{-1}）	87.27±2.05	90.77±1.50
	SDNN 值/ms	143.00±3.92	135.80±2.37*
夜晚睡眠期间	平均心率/（次・min^{-1}）	59.53±1.04	64.38±1.77
	RMSSD 值/ms	43.60±1.09	37.54±1.57**

注：与对照组相比较，*表示 $p<0.05$，**表示 $p<0.01$。

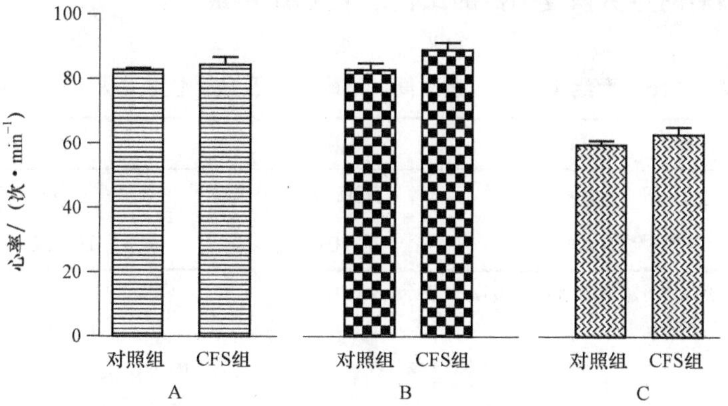

注：A 表示上午学习时间段，B 表示下午学习时间段，C 表示夜晚睡眠时间段。

图 4–24　两组中学生运动干预 24h 后不同时间段心率均值对比图

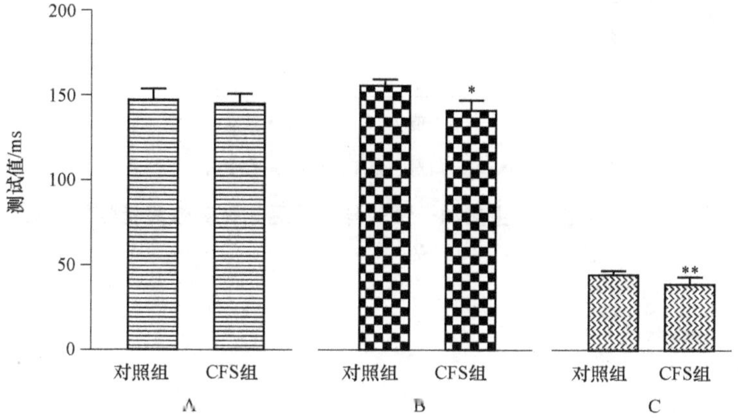

注：A 表示上午学习时间段的 SDNN 值，B 表示下午学习时间段的 SDNN 值，C 表示夜晚睡眠时间段 RMSSD 值；与对照组相比较，*表示 $p<0.05$，**表示 $p<0.01$。

图 4–25　两组中学生运动干预 24h 后不同时间段心率变异性指标测试值对比图

3.3.3.3　运动干预后 24 h 疲劳恢复状态测试结果

两组中学生运动干预后 24 h 的入睡时间、睡眠时间与疲劳恢复指数的测试结果见表 4–16。结果显示：运动干预后，慢性疲劳综合征中学生睡眠时间和疲劳恢复指数明显小于对照组。运动干预后慢性疲劳综合征组和对照组中学生的睡眠时间都大于日常状态，疲劳恢复指数都小于日常状态。两组中学生运动干预前与干预后的疲劳恢复指数的比较结果见图 4–26。

表 4–16　两组中学生入睡时间、睡眠时间及疲劳恢复指数测试结果　$N=30$

指标	对照组	CFS 组
平均睡眠时间/h	7.80±0.12	7.18±0.19*
疲劳恢复指数/%	123.10±4.28	107.20±3.48**

注：与对照组相比较，*表示 $p<0.05$，**表示 $p<0.01$。

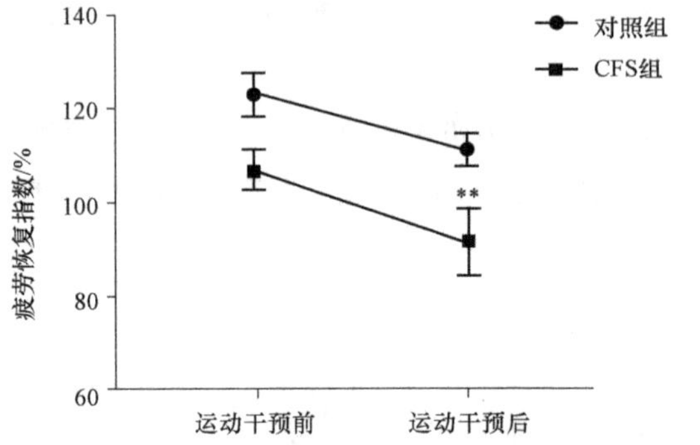

注：**表示与对照组相比较时 $p<0.01$。

图 4–26　两组中学生运动干预前与干预后的疲劳恢复指数的比较

4　讨　论

4.1　慢性疲劳综合征中学生机体氧化状态的变化

4.1.1　3–硝基酪氨酸的含量变化

慢性疲劳综合征组中学生指甲中 3–硝基酪氨酸的含量明显高于对照组。有研究人员发现，慢性疲劳综合征患者体内的维生素 E 含量偏低[1]，表明慢性疲

[1] LIGHT A R，BATEMAN L，JO D，et al. Gene expression alterations at baseline and following moderate exercise in patients with chronic fatigue syndrome，and fibromyalgia syndrome[J]. Journal of Internal Medicine，2012，271（1）：64–81.

劳综合征患者体内的氧化应激程度加强。

基础动物研究显示，$ONOO^-$及 RNS 在强氧化状态下会使酪氨酸被硝基化，增加体内 3-硝基酪氨酸的含量，造成氨基酸代谢异常、蛋白质和酶发生变性、DNA 受损，最终引起细胞结构和功能发生改变。人体内的线粒体中含有大量蛋白质、与呼吸、能量代谢等相关的酶，如 ATP（三磷酸腺苷）酶、乙酰辅酶 A 和细胞色素等，如果这些物质中的酪氨酸被硝基化，会出现呼吸链障碍、三羧酸循环异常、能量代谢问题。

慢性疲劳综合征主要表现为不明原因的疲劳且经过充分的休息之后不能得到缓解，而 ATP 的下降是导致人体感到疲劳的直接原因，说明慢性疲劳综合征患者可能存在体内的 ATP-CP（磷酸原供能系统）储备不足的情况。本研究通过前期对慢性疲劳综合征大鼠的尿液进行代谢组学研究发现，安静状态下慢性疲劳综合征大鼠的体内肌酸含量明显高于对照组，泛醌含量却明显低于对照组；但是经过运动后其肌酸含量会低于对照组。能量代谢过程中，磷酸肌酸经过肌酸激酶的催化生成 ATP 和肌酸的同时[1]，还可以中和体内过多累积的酸性物质，慢性疲劳综合征群体中体内肌酸积聚过多，可能会抑制磷酸肌酸生成肌酸和 ATP。此外，泛醌是一种辅酶，在生物化学过程中有传递氢原子和电子的作用，所以，泛醌是一种很好的抗氧化剂，在细胞呼吸、ATP 转换、保护心脏、提高免疫力和抗氧化预防衰老等方面都有重要作用[2-4]。还有学者提出，氧化应激与肌肉减少症的发病机制、身体体重指数的增高，以及心血管疾病的发病

---

[1] EARNEST C P，SNELL P G，RODRIGUEZ R，et al. The effect of creatine monohydrate ingestion on anaerobic power indices，muscular strength and body composition[J]. Acta Physiologica Scandinavica，1995，153（2）：207–209.

[2] BOVERIS A，CADENAS E，STOPPANI A O. Role of ubiquinone in the mitochondrial generation of hydrogen peroxide[J]. Biochemical Journal，1976，156（2）：435–444.

[3] RODRÍGUEZ-BIES E，NAVAS P，LÓPEZ-LLUCH G. Age-dependent effect of every-other-day feeding and aerobic exercise in ubiquinone levels and related antioxidant activities in mice muscle[J]. Journals of Gerontology，2015，70（1）：33–43.

[4] GRIVENNIKOVA V G，KOZLOVSKY V S，VINOGRADOV A D. Respiratory complex II：ROS production and the kinetics of ubiquinone reduction[J]. Biochimica et Biophysica Acta：Bioenergetic，2017（2）：109–117.

率都有关联[1]。因此推测，慢性疲劳综合征患者肌肉常感无力或疼痛，可能是因为体内的肌酸水平过高而造成的酸性物质无法及时被清除，泛醌含量过低，引起体内的氧化还原状态失衡，进而导致相关蛋白质的结构功能障碍、能量代谢系统紊乱、ATP 的储备量不足。已有研究表明，运动训练会激活体内的神经内分泌系统，会消耗掉大量的肌酸[2]，此时磷酸肌酸在肌酸激酶的催化下会加速分解生成更多 ATP。因此，适当的运动可缓解疲劳的症状。

综上表明，慢性疲劳综合征患者体内的氧化应激程度过高可能是由于体内泛醌含量减少所致。长期处于强氧化状态下，会使氨基酸硝基化，破坏蛋白质的结构，造成线粒体内酶（能量代谢相关酶）和蛋白质的功能障碍，引起体内能量代谢紊乱，进而使 ATP 储量不足和肌酸含量过高，最终导致肌肉酸痛无力和无法缓解的疲劳感。除此之外，氧化程度过高还容易导致衰老和其他免疫性疾病。

维生素 E 的补充、胡萝卜素的补充，以及提高超氧化物歧化酶的含量都能有效缓解氧化应激反应[3]，而且有文献表明，氧自由基的生成与消化食物产生的热量成正比关系，因此摄入食品的营养素越高、热量越低也越有利于消除氧自由基[4-7]。在此建议家长在中学生的食品方面应注意，让中学生多吃水果、

[1] HOWARD C，FERRUCCI L，SUN K，et al. Oxidative protein damage is associated with poor grip strength among older women living in the community[J]. Journal of Applied Physiology，2007，103（1）：17–20.

[2] BUFORD T W，KREIDER R B，STOUT J R，et al. International Society of Sports Nutrition position stand：creatine supplementation and exercise[J]. Journal of the International Society of Sports Nutrition，2007，271（1）：9046–9053.

[3] PISOSCHI A M，POP A. The role of antioxidants in the chemistry of oxidative stress：A review[J]. European Journal of Medicinal Chemistry，2015，97（31）：55–74.

[4] FURUKAWA S，FUJITA T，SHIMABUKURO M，et al. Increased oxidative stress in obesity and its impact on metabolic syndrome[J]. Journal of Clinical Investigation，2005，114（12）：1752–1761.

[5] BONOMINI F，RODELLA L F，REZZANI R. Metabolic syndrome，aging and involvement of oxidative stress[J]. Aging & Disease，2015，6（2）：109–120.

[6] YU M，THOMPSON M D，COHEN R A，et al. Autophagy and oxidative stress in cardiovascular diseases [J]. Biochimica et Biophysica Acta：Molecular Basis of Disease，2015（2）：243–251.

[7] ESPINOSA-DIEZ C，MIGUEL V，MENNERICH D，et al. Antioxidant responses and cellular adjustments to oxidative stress[J]. Redox Biology，2015（6）：183–197.

蔬菜等富含维生素的健康食品，尽量少食用油炸、烧烤等高热量、高脂肪的垃圾食品。这样不仅可以提高中学生体内抗氧化能力，还可以控制热量的摄入，对中学生体内脂肪的减少及骨骼肌的增长也有重要作用。

4.1.2　角蛋白官能团变异峰的变化

角蛋白的α–螺旋结构中主链骨架的羰基（C=O）上的氧原子和氨基（NH_2）上的氢原子结合生成氢键，螺旋构象是靠氢键维持。若氢键遭到破坏，则螺旋构象会变成伸展的多肽链[1]。在α–螺旋结构中，多肽链的主链骨架围绕螺旋中心轴呈现螺旋式上升形状，相邻螺旋之间形成链内氢键，它的方向几乎与螺旋中心轴平行，α–螺旋构象使得所有肽键都能参与链内氢键的形成，因此，α–螺旋构象长期处于稳定状态[2–3]。

3 600～3 000 cm^{-1}归属角蛋白脂质C–H基团伸缩振动峰和N–H基团伸缩振动峰，由于指甲中蛋白质含量较多，所以此区域的N–H基团较多，此段内的峰形都比较尖锐[4]。慢性疲劳综合征组的角蛋白在这个区域内出现个别吸收峰消失、吸收峰的强度变弱等变化，这可能与慢性疲劳综合征患者体内蛋白质中的氨基酸的N–H键损伤或者断裂有关。

2 815.7 cm^{-1}属于亚甲基的对称与反对称伸缩振动带，与对照组中学生相比，慢性疲劳综合征中学生指甲中的亚甲基对称伸缩消失，表明慢性疲劳综合征中学生角蛋白中CH_2消失或者含量太少以致无法被检测出。结合蛋白质的分子结构分析，可能是慢性疲劳综合征患者体内蛋白质肽链的R侧链发生了损坏或者断裂，使其结构发生改变。

1 147.2 cm^{-1}附近是C–N伸缩振动区域，以及C–O、C–H和N–H的变形振动区域。其伸缩振动谱带主要来源于苏氨酸、丝氨酸和酪氨酸的残基伸缩振

---

[1] 陶慰孙，李惟，姜涌明. 蛋白质分子基础[M]. 2版.北京：高等教育出版社，1995.

[2] 江南，张勇，孙祥浪，等. 基于蛋白质α–螺旋结构的荧光探针应用于癌细胞的诊断[C]//中国化学会第二届全国生物物理化学会议暨国际华人生物物理化学发展论坛，2012.

[3] CHATTOPADHYAY A，HALDAR S. Dynamic insight into protein structure utilizing red edge excitation shift[J]. Accounts of Chemical Research，2014，47（1）：12–19.

[4] 董勤，刘刚，刘天惠. 鼻咽癌患者指甲的红外光谱研究[J]. 光谱学与光谱分析，2004，24（12）：1543–1545.

动[1]。慢性疲劳综合征样品的吸收峰强度变弱可能是由于这三种氨基酸残基大部分参与氢键化，C–O 基团和 N–H 基团的氢键被破坏，使原先参与氢键作用的角蛋白 C–O 键和 N–H 键减少；而且其碳链骨架上的 C–N 键和 C–H 键断裂，造成碳链骨架改变。其中慢性疲劳综合征中学生角蛋白中的酪氨酸硝基化，使其角蛋白中的酪氨酸结构发生改变，这也是造成该物质在此振动区域发生异常的原因。

有学者的研究结果表明，人体指甲状况与包括疲劳在内的很多疾病之间有直接关系，慢性疲劳综合征患者指甲中的 α–螺旋含量降低和 β–折叠含量增加[2–3]。指甲主要是由硬 α–角蛋白构成，而 α–角蛋白富含 α–螺旋，α–螺旋主要是由氢键构成[4]。综上表明，慢性疲劳综合征患者体内的氨基酸尤其是酪氨酸的 N–H 键、C–N 键、C–H 键，以及氢键可能存在不同程度的损伤或者断裂，导致 α–螺旋结构不稳定、解旋、含量降低，进而引起硬 α–角蛋白含量的减少，以及结构功能改变，最终引起一些实质性病变。

4.2 慢性疲劳综合征中学生日常 24 h 身体机能状态的变化

4.2.1 心率变异性的变化

查阅文献可知[5–7]，RMSSD 值在 37 ms 左右，小于 25 ms 则为异常范围，

---

[1] JUNG C. Insight into protein structure and protein-ligand recognition by Fourier transform infrared spectroscopy [J]. Journal of Molecular Recognition，2000，13（6）：325–351.

[2] SAKUDO A，KATO Y H，TAJIMA S，et al. Visible and near-infrared spectral changes in the thumb of patients with chronic fatigue syndrome[J]. Clinica Chimica Acta; International Journal of Clinical Chemistry，2009，403（1/2）：163–166.

[3] KURATSUNE H，SAKUDO A，IKUTA K. Method and device for diagnosing chronic fatigue syndrome（CFS） by using near infrared spectrum：US 8233960 B2[P]. 2012.

[4] SAKUDO A. Potential use of visible and near-infrared spectroscopy for the analysis and diagnosis of chronic fatigue syndrome（Review）[J]. Molecular Medicine Reports，2016，14（3）：1875–1879.

[5] DEGIORGIO C M，MILLER P，MEYMANDI S，et al. RMSSD，a measure of heart rate variability，is associated with risk factors for SUDEP：the SUDEP-7 inventory[J]. Epilepsy & Behavior，2010，19（1）：78–81.

[6] WANG H M，HUANG S C. SDNN/RMSSD as a Surrogate for LF/HF：a revised investigation[J]. Modelling and Simulation in Engineering，2012，2012：16.

[7] BILLMAN G E. The LF/HF ratio does not accurately measure cardiac sympatho-vagal balance[J]. Frontiers in Physiology，2013，4：26.

它主要受自主神经系统中的副交感神经控制，所以值越低，说明副交感神经的活性越弱；SDNN 值在 141 ms 左右，小于 100 ms 则为异常，SDNN 值主要反映交感神经和副交感神经总体张力大小，值越低，交感神经和副交感神经的张力越不平衡，交感神经的张力过大，而副交感神经的张力过小。LF 值在 1 170 ms^2 左右，与人体交感神经活性、自主神经的平衡有关；HF 值在 975 ms^2 左右，主要与迷走神经活性和 RMSSD 值有关；LF/HF 值为 1.5～2.0，主要表现了交感神经和迷走神经的相互平衡作用。

在日常生活状态下，慢性疲劳综合征中学生的自主神经活动不平衡，交感神经活性强且自主神经活性弱，这可能是因为其长期处于高压力环境且缺乏放松途径，导致积累重度的精神疲劳和躯体疲劳。副交感神经减少神经支配将心脏暴露于由交感神经引起的刺激中是导致心律不齐、猝死的重要因素，是加速冠状动脉粥样硬化性疾病发展的重要原因。因此，应该注重对慢性疲劳综合征中学生身体素质的提升，多进行有氧运动以改善心血管功能，防止发生猝死的危险。

4.2.2　压力及疲劳恢复状态的变化

不管是外部压力还是内部自身应激都会导致生理系统激活和自主神经系统（ANS）中的交感神经起支配作用[1]，可表现为心率增加和心率变异性降低。机体的恢复是一个复杂的过程，包括生理和心理两个方面[2]，当引起身体动态平衡紊乱的应激因素不存在时，恢复表现为 ANS 中的迷走神经占优势，心率接近个人基本静息水平，心率变异性升高。还有人认为工作压力在恢复过程中对迷走神经张力的影响可能比实际工作时间更显著[3]。比较两组中学生在学习压

[1] MCEWEN B S. Physiology and neurobiology of stress and adaptation：central role of the brain[J]. Physiological Reviews，2007，87（3）：873–904.

[2] MYLLYMÄKI T，KYRÖLÄINEN H，SAVOLAINEN K，et al. Effects of vigorous late-night exercise on sleep quality and cardiac autonomic activity[J]. Journal of Sleep Research，2011，20（1）：146–153.

[3] VRIJKOTTE T G M，VAN DOORNEN L J P，GEUS E J C. Effects of work stress on ambulatory blood pressure，heart rate，and heart rate variability[J]. Hypertension，2000，35（4）：880–886.

力状态下和夜晚睡眠恢复状态下的心率和心率变异性差异，可以推测慢性疲劳综合征中学生可能受到周围学习环境的影响和自我感觉焦虑，无法通过有效的途径释放压力，无法通过充足的睡眠恢复身体状态，所以其自主神经系统中的交感神经一直处于支配地位。

根据美国国家睡眠基金会的标准[1]及中医养生[2]标准，18～25 岁居民每天推荐睡眠时间为 7～9 h，每天睡眠时间不足 7 h 为睡眠不足，将睡眠时间超过 9 h 定为睡眠时间过多，每天入睡时间晚于 23：00 的群体定为晚睡群体。由此可以发现，调查中的中学生普遍都属于睡眠不足者和晚睡者，这不利于中学生的生长发育。

压力恢复对避免长期压力造成的不利于健康的后果至关重要，虽然身体可以在清醒时进行恢复，但是睡眠无疑是最重要的恢复期。已有学者研究表明，睡眠持续时间与自我感知到的压力源有关，睡眠期间的放松时间与压力负荷相关联[3]，所以，从慢性疲劳综合征中学生夜晚持续睡眠时间较短可以推测出，他们平日里思想压力较大。

此外，调查结果显示，有的中学生压力过大且无法有效恢复，已经出现了焦灼、烦躁和恐慌等负面情绪。一般来说，情绪状态与副交感神经功能密切相关[4]。日常生活中的烦恼，尤其是与工作、学习有关的事情，已经表现出压力会减弱心脏迷走神经调节，并增加心率[5]，同时情绪会通过调节心脏自主功能进而对心脏健康产生有益或者有害的影响。因此，有学者提出，积极、乐观的

---

[1] HIRSHKOWITZ M，WHITON K，ALBERT S M，et al. National Sleep Foundation's sleep time duration recommendations：methodology and results summary[J]. Sleep Health，2015，1（1）：40－43.

[2] 杨美娜，韩金祥. 试论中医“子午流注”的科学内涵[J]. 中医学报，2014（11）：1596－1598.

[3] RADSTAAK M，GEURTS S A，BECKERS D G，et al. Work stressors，perseverative cognition and objective sleep quality：a longitudinal study among dutch helicopter emergency medical service（HEMS） Pilots[J]. Journal of Occupational Health，2014，56（6）：469－477.

[4] WANG J Z，CHEN J Q，HUANG H L. Influence of frightening audio frequency based on regulation of ANS by emotion on heart rate and heart rate variability[J]. Chinese General Practice，2013.

[5] PIEPER S，BROSSCHOT J F，VAN DER LEEDEN R，et al. Cardiac effects of momentary assessed worry episodes and stressful events[J]. Psychosomatic Medicine，2007，69（9）：901－909.

情绪可以提高心率变异性和工作学习效率[1]。

这些研究均可表明，工作、学习中的高度刺激和目前负面情绪的增加会导致增加自主神经活动而减弱迷走神经活动，影响睡眠质量，使白天的压力无法得到有效放松、疲劳恢复指数明显降低，从而可能成为影响生理、心理的危险因素。因此，除关注中学生的体质健康外，还应该注重其性格和情绪的变化。

4.3　慢性疲劳综合征中学生运动干预后24 h身体机能状态的变化

4.3.1　运动期间数据指标的变化

心血管系统的状态可以反映一个人的身体状态，它的功能是面向身体的各个组织器官，为其供给营养和运输氧气，是人体耐力的原动力，是身体健康的必备因素。有氧能力是评价心血管系统的指标。有氧能力指机体在氧气充分的条件下，依靠能源物质氧化分解所提供的能量来维持运动的能力，是摄氧能力、运氧能力和用氧能力的综合[2]。它是一个人体质评价的重要部分，在体质测试中所占比重较大，也是其他各项身体素质的基础。有研究表明，相对于有氧运动能力差的人来说，有氧运动能力强的人进行同等时间、同等负荷的运动，其运动时心率较低，运动后心率恢复较快，由于无氧供能比重小，运动后血乳酸含量较低，疲劳发生的时间也会推迟[3]。有研究表明[4]，经常参加体育锻炼可以促使有氧运动能力提高，且有氧运动能力显著高于较少参加锻炼或不参加锻炼的人群。运动时心率的变化是受神经和体液共同调节的，运动初期主要由中枢神经系统对运动产生一种适应性，运动结束后恢复期主要是体液对运动时产

---

[1] LOVELESS J P. Cardiovascular emotional dampening，heart rate variability，and emotion regulation[J]. Nucleic Acids Research，2015，40（17）：e135–e135.

[2] 李莉婕. 台阶试验评价大学生最大有氧能力方法的研究[D]. 北京：北京体育大学，2012.

[3] POLLOCK M L，FOSTER C，KNAPP D，et al. Effect of age and training on aerobic capacity and body composition of master athletes[J]. Journal of Applied Physiology，1987，62（2）：725–731.

[4] NAKKEN K O，BJØRHOLT P G，JOHANNESSEN S I，et al. Effect of physical training on aerobic capacity，seizure occurrence，and serum level of antiepileptic drugs in adults with epilepsy[J]. Epilepsia，1990，31（1）：88–94.

生的乳酸等物质进行中和消除[1]。

台阶试验前后慢性疲劳综合征组的血压和心率都高于对照组，这可能是由身体素质较差且平时缺乏锻炼、心肺功能较弱、中枢神经系统适应性较低等原因造成的。运动后慢性疲劳综合征中学生的即刻心率不但高于对照组，而且在1.5 min、2.5 min、3.5 min时的心率比对照组高，说明慢性疲劳综合征中学生在台阶试验后心率恢复得很慢。虽然对照组的心率恢复情况比慢性疲劳综合征组好，但是与经常参加体育锻炼的人相比，两组的恢复速率都较慢。心肺功能好的人，运动时的心率增长幅度不大，且在台阶试验后 3.5 min 就应该下降到运动前的安静心率，因为其心肺潜力在运动时可以迅速被激发，运动时心率变化幅度小，运动结束后恢复快，所以台阶指数值较大；相反，长期不参加体育活动者，运动期间心率变化幅度大，运动结束后恢复慢，台阶指数小。

有研究表明，常进行有氧运动可以改善心脏的结构和功能，使心脏总体容积增加，还可以增加心肌收缩成分，使心肌细胞内线粒体的容积和体积增加，心肌毛细血管增多，体内超氧化物歧化酶和过氧化氢酶等氧化代谢酶的活性增强，血清黄嘌呤氧化酶活性降低，内源性保护因子浓度升高[2]；且有氧运动能力好的人可使心血管系统工作时表现出“节省化和高效化”，这是心脏机能增强的体现，还可以使每搏输出量增加，安静心率下降，使心脏不易产生疲劳，还改善了心肌的血液循环功能[3-4]；此外，心血管还和自主神经功能有关。因此，学校要重视对中学生有氧运动能力的训练。

---

[1] 温静，陈宇嘉. 高血压患者运动时心率与血压的相关性研究[J]. 心脑血管病防治，2016，16（4）：306–307，309.

[2] PIMENTEL A E，GENTILE C L，TANAKA H，et al. Greater rate of decline in maximal aerobic capacity with age in endurance-trained than in sedentary men[J]. Journal of Applied Physiology，2003，94（6）：2406–2413.

[3] KRONHED A C，MÖLLER M. Effects of physical exercise on bone mass，balance skill and aerobic capacity in women and men with low bone mineral density，after one year of training-a prospective study[J]. Scandinavian Journal of Medicine & Science in Sports，1998，8（5）：290–298.

[4] SEVERINSEN K，JAKOBSEN J K，OVERGAARD K，et al. Normalized muscle strength，aerobic capacity，and walking performance in chronic stroke：a population-based study on the potential for endurance and resistance training[J]. Archives of Physical Medicine & Rehabilitation，2011，92（10）：1663–1668.

无氧运动能力是指在缺氧或者无氧条件下身体工作的能力[1]，是人体参与高强度、短时间运动水平的反映，更是人体运动的主要运动能力之一，它的供能与氧气无关，是由磷酸原供能系统和糖酵解供能系统供能。ATP–CP 是无氧运动的物质基础，虽然在体内含量较少，维持时间也很短，但是由于其能快速动用，因此它在供能系统中有重要意义。最大无氧功率是指肌肉在短时间内产生大功率的能力，与爆发力的大小呈正相关。它可以反映机体内 ATP–CP 的供能功率，ATP 分解率和磷酸肌酸（CP）的合成率越大，最大无氧功率的值越大，一般出现在开始运动后 3～10 s。平均无氧功率指的是尽力运动 30 s 所输出功率的平均值，反映出机体维持大强度运动的耐力，与速度耐力的大小呈正相关。平均无氧功率的大小决定于运动中 ATP 的最大分解率和 CP、糖酵解的最大合成率。无氧功率递减率又称疲劳指数，反映出最大无氧功率的下降速度，体现出机体的抗疲劳能力，它的大小同时取决于最大无氧功率和最小无氧功率。总之，最大无氧功率高、平均无氧功率高且无氧功率递减率低可以表明磷酸原供能系统和糖酵解供能系统较强，机体爆发力、速度耐力和抗疲劳能力较好，无氧运动能力强，反之说明机体的无氧运动能力弱[2–4]。

慢性疲劳综合征中学生的无氧运动能力弱，这可能是因为机体内的能量代谢系统紊乱，造成 ATP 和 CP 之间的转化率降低且糖酵解能力不足，引起无氧运动能力降低；此外，能量供应不足也可能是引起慢性疲劳综合征患者长期感到疲劳且无法缓解的原因。有学者表明，无氧运动能力和肌肉含量有直接关系[5]，骨骼肌含量越多，脂肪含量越小，无氧运动能力越好。慢性疲劳综合征

---

[1] 刘俊一. 无氧运动能力的理论机制与训练实践研究：以短道速度滑冰项目为研究实例[D]. 长春：东北师范大学，2013.

[2] ÜÇOK K，GÖKBEL H，OKUDAN N. The load of the wingate test：according to the body weight or lean body mass[J]. European Journal of General Medicine，2015，2（1）：10–13.

[3] LEGAZ-ARRESE A，MUNGUÍA-IZQUIERDO D，CARRANZA-GARCÍA L E，et al. Validity of the wingate anaerobic test for the evaluation of elite runners[J]. Journal of Strength & Conditioning Research，2011，25（3）：819–824.

[4] BAR-OR O. The Wingate anaerobic test：an update on methodology, reliability and validity [J]. Sports Medicine，1987，4（6）：381–394.

[5] TAKKEN T，HENNEKEN T，PUTTE EVD，et al. Exercise testing in children and adolescents with chronic fatigue syndrome.[J]. International Journal of Sports Medicine，2007，28（7）：580–584.

患者体重较轻，骨骼肌含量少，也可能是引起其运动能力不足的原因。

尿胆原（URO）是血红蛋白分解代谢的产物。在机体进行大负荷运动时，体内溶血增多，血红蛋白分解代谢率增快，所以血红蛋白含量会下降，血红蛋白的分解代谢产物尿胆原的排出量会增加。因此，尿胆原可以反映出机体对运动是否适应。蛋白质是大分子物质，一般不能通过肾小球滤出，所以健康状态下几乎无法从尿液中检测出蛋白质分子。但是当机体出现病理改变（如肾炎、肾衰竭等）、处于极度疲劳状态或者经过大强度运动之后，肾小球对于蛋白质的通透性会增强，则有一部分蛋白质分子会随尿液排出，形成尿蛋白。运动前慢性疲劳综合征组中尿胆原含量高，且有尿白质的检出，说明慢性疲劳综合征患者的机体内可能已经出现某些病理变化或者处于疲劳状态。在运动后，慢性疲劳综合征组的尿液中 URO 和尿蛋白含量明显增加，且对照组也出现了一定量的蛋白尿，说明运动的负荷过大。

4.3.2 心率变异性的变化

机体在运动时，为满足肌肉组织的需氧量，会使神经内分泌系统释放大量的去甲肾上腺素等激素作用于各种离子通道，然后交感神经功能激活，迷走神经功能减退，会表现出心率加快，RMSSD、SDNN、HF 等值降低和 LF、LF/HF 等值增高，但是运动结束后，激素分泌减少，迷走神经逐渐恢复，则会使心率恢复正常，心率变异性也恢复到正常范围[1]。经过大强度运动刺激之后，机体的交感神经被激活，慢性疲劳综合征中学生在运动刺激之后出现 RMSSD 值降低，SDNN 值升高，说明其台阶试验和温盖特无氧功率自行车的强度太大，运动后一天内身体无法恢复；而频域指标的变化没有规律可循，这可能与测试期间日夜差异、精神压力、身体压力、情绪状态、饮食差别和身体活动的影响有关。慢性疲劳综合征中学生在运动后心率变异性降低可能是由于其身体本身的心率变异性偏低且无法适应此运动的强度，所以运动之后机体一直处于疲劳状态，在 24 h 之内没有完全恢复。

---

[1] PLEWS D J，LAURSEN P B，STANLEY J，et al. Training adaptation and heart rate variability in elite endurance athletes：opening the door to effective monitoring[J]. Sports Medicine，2013，43（9）：773−781.

4.3.3 压力及疲劳恢复状态的变化

运动干预后，慢性疲劳综合征中学生的心率升高，心率变异性各项指标都降低，疲劳恢复指数降低，夜晚睡眠总时间增加。结合身体机能监控系统导出的分析报告可知，慢性疲劳综合征中学生在运动后深色区域幅度增加且密度变大，说明其精神压力大且没有放松。运动干预增加了慢性疲劳综合征中学生的睡眠时间，但没有提高睡眠质量，降低了疲劳恢复指数。由于夜晚恢复时主要是迷走神经起主导作用[1]，所以可推测慢性疲劳综合征中学生的迷走神经功能较差。

[1] CHOW S，MOTIVALA S J，MELENDEZ G，et al. HRV and sleep quality in older adults with insomnia[C]// Annual Scientific Meeting on the American-Geriatrics-Society，2011，59：S53–S54.

第5章

中学生慢性疲劳综合征代谢机制研究

1 概　述

1.1 代谢组学概述

代谢组学（metabonomics）是结合分析化学、化学计量学、生物信息学和基础生物化学的一项多学科交叉研究平台，其研究对象大都是分子量为1 500以内的小分子物质。其他高通量检测分析平台虽然提供了大量生物代谢的调节变化信息，但无法充分反映转录后调控、酶活性及细胞过程。因此，继基因组学和蛋白质组学之后，逐渐发展起针对代谢通路上小分子物质含量的检测分析技术，可以更加全面地构建系统生物学调控网络。该平台对生物体内所有小分子代谢物进行定性和定量分析，并建立统计模型，用来探索代谢物与生理和病理变化之间的关系。由于代谢组学提供的是分子调节在代谢通路上的直接结果，研究者通过基因组和蛋白组信息可研究受到分子调控的代谢通路，通过代谢组学则可直接考察生物学表型相关的代谢通路。

代谢组学是一门定量研究生物体由于内外源因素引起代谢产物变化趋势的学科，可以从代谢产物的变化趋势反映机体内生化和机能的变化过程[1]。代谢组学技术常被用在寻找某些特异性生物标志物的研究中，国内外学者常常在

[1] LOWDER T，PADGETT D A，WOODS J A. Moderate exercise protects mice from death due to influenza virus[J]. Brain Behavior & Immunity，2005，19（5）：377–380.

药物药理学机制研究中使用该技术，再结合生物信息学方法对找出的生物标志物进行分析，筛选出可能的代谢通路，以此找出药物发挥其药理学作用的机制[1]。代谢组学技术不局限于机体受到各种外界条件刺激后某个物质或代谢通路发生变化的细节，而是从变化后的整体性入手，分析机体代谢产物的变化[2]。诸如能量代谢和氧化应激等许多功能在疲劳期间发生变化，并且这些变化必须反映在代谢物中。例如，慢性疲劳、运动疲劳和过度疲劳均可导致身体小分子化合物的代谢变化。利用代谢组学技术寻找疾病发生过程中变化的异常代谢物，并可通过这些代谢标志物来评价治疗效果，帮助其建立便利、特异性高的评价手段和指标体系。由于传统的机能评估指标通常只检测单个或少量物质的变化以获取相关的身体信息，并且不能解释多种代谢物之间的相互作用，因此可以使用代谢组学技术来分析体液中的宏观代谢物，根据生物标志物的生理学意义，评估药物的相应作用，并探索其作用的机制。

随着科学技术的进步，代谢组学技术也得到了发展，现在常用的技术平台包括核磁共振技术和质谱技术[3]。质谱技术又分为气相色谱－质谱联用技术（GC−MS）和液相色谱－质谱联用技术（LC−MS）两种。

核磁共振（NMR）技术是对物质内部有机结构测定的一种重要的技术，被称为四大谱学之一。该技术可在不破坏样品的情况下对物质内部进行结构分析，其分析快速、准确，且具有极高分辨率，上述优点使得核磁共振技术在众多领域被广泛应用，但与质谱技术相比，其由于采用超低温探头技术，检测时的灵敏度在纳克级水平，相较质谱技术较低，动态检测范围有限，因而很难同时检测待测样品中浓度相差较大的成分。

气相色谱－质谱联用技术使用较多，其主要优势在于能够对样品进行分辨率和灵敏度较高的检测，检测完毕后可以比对标准谱图库，从而方便对待测样

---

[1] QIU Y P，CHEN M J，SU M M，et al. Metabolic profiling reveals therapeutic effects of Herba Cistanches in an animal model of hydrocortisone-induced kidney-deficiency syndrome[J]. Chinese Medicine，2008，3（10）：1186−1193.

[2] TANG H R，WANG Y L. Metabonomics：a revolution in progress[J]. Progress in Biochemistry & Biophysics，2006，33（5）：401−417.

[3] 杨萍，贾钰华，李杰. 代谢组学技术及其在中医药领域中的应用[J]. 辽宁中医杂志，2009，36（1）：32−35.

品进行代谢组学分析，通过分析筛选可以得到定性检测的实验结果。但该技术的缺点是只能检测分析待测样品中的挥发性物质，样品中难挥发的代谢物质的信息则很难检测到；而且在运用气相色谱－质谱联用技术对样品进行检测时，首先需要对样品进行衍生化的预处理，此过程较为耗时且容易引起样品的理化性质发生变化[1]。

液相色谱－质谱联用技术是组群分析平台中最常用的技术之一，可以检测在生物样品（如尿液、血液、组织、唾液和细胞等）中的氨基酸、有机酸、多糖、胆固醇、维生素、酰胺、多胺、多元醇、脂肪酸、激素、核苷酸、磷酸酯等。对于分子代谢物，液相色谱－质谱联用技术具有灵敏度高、分辨率高、重现性好、产量高等优点[2]。液相色谱－质谱联用技术避免了气相色谱－质谱联用技术中繁杂的样品前处理，技术不受此限制，可以直接分析不挥发性化合物、极性化合物、热不稳定化合物和大分子化合物（包括蛋白质、多肽、多糖、多聚物等），分析范围广，可不衍生化。质谱技术的多通道质谱能力和卓越的色谱分离能力使液相色谱－质谱联用技术与 NMR 技术相比，显著降低了测试样品的浓度和纯度要求，即使对于含量极低的物质也可以通过扫描质谱模式进行优化视觉反应。其缺点是费时间，且需要纯的参照物。但总体而言，由于其较高的灵敏度和较宽的动态范围，已被越来越多的研究人员用在代谢组学研究方面。因此，本实验选取液相色谱－质谱联用技术对慢性疲劳综合征中学生进行尿液代谢组学分析，从而对慢性疲劳综合征中学生的代谢机制进行探索性研究。

1.2 慢性疲劳综合征的代谢组学研究

本研究在前期动物实验中，对大鼠采用 4 周束缚+跑台+拥挤+睡眠剥夺多因素复合应激刺激的慢性疲劳综合征造模，对造模后的大鼠进行验证。结果显示，大鼠学习记忆能力及探索能力降低，趋避性及焦虑性、抑郁程度较高，证明慢性疲劳综合征大鼠造模成功。造模成功后，收集安静组大鼠和造模组大鼠运动前后的尿液，进行尿液差异代谢物的检测。再将检测出的各组大鼠尿液中

[1] 王超，涂文志，王穆，等. 代谢组学分析技术及代谢物鉴定[J]. 国际药学研究杂志，2010，37（5）：355－360.

[2] 王斯婷，李晓娜，王皎，等. 代谢组学及其分析技术[J]. 药物分析杂志，2010，30（9）：1792－1799.

的差异代谢物输入 MetPA 数据库中，对代谢物之间的关联进行整合，构建靶标路径，从而筛选出大鼠慢性疲劳综合征代谢通路，探索慢性疲劳综合征的代谢机制。

研究发现，运动前对照组大鼠与慢性疲劳综合征组大鼠具有显著性变化的代谢途径有 3 条，分别为三羧酸循环，谷氨酸、丙氨酸和天冬氨酸代谢，类固醇激素的合成。在这 3 条代谢途径中含量异常的代谢物为 α–酮戊二酸和 21–羟基孕烯醇酮。运动后对照组和慢性疲劳综合征组大鼠具有显著性差异的代谢途径有 4 条，分别为三羧酸循环，谷氨酸、丙氨酸和天冬氨酸代谢，类固醇激素的合成，鞘脂类代谢。这 4 条代谢途径中含量异常的差异代谢物为 α–酮戊二酸、苹果酸、富马酸、21–羟基孕烯醇酮、鞘氨醇。大鼠慢性疲劳综合征的代谢通路如图 5–1 所示。

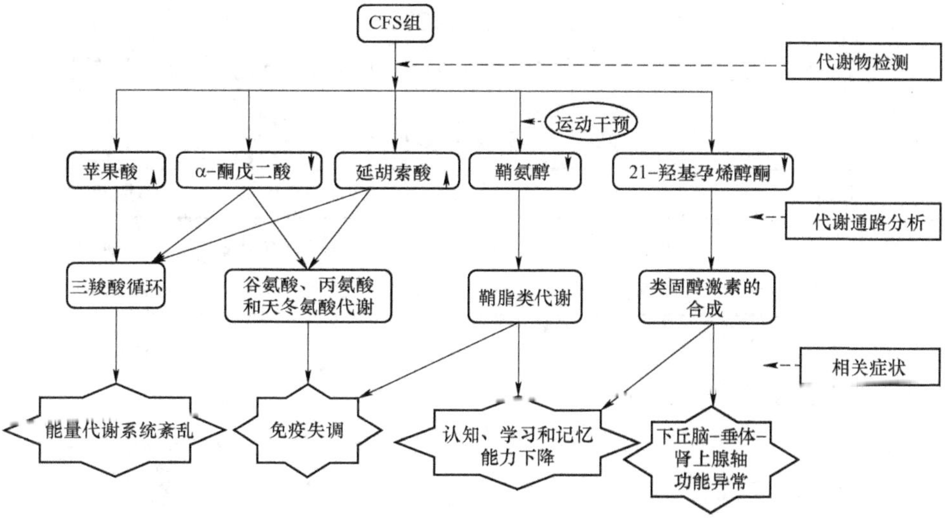

图 5–1　大鼠慢性疲劳综合征的代谢通路图

前期研究结果显示，慢性疲劳综合征的代谢紊乱能够引起能量代谢系统、免疫系统的功能紊乱，认知、学习和记忆能力的减退，以及下丘脑–垂体–肾上腺轴的功能异常，这与慢性疲劳综合征的相关病症相符合。本研究将在此动物实验的基础上，通过对慢性疲劳综合征中学生的尿液代谢研究，进而验证动物实验结果是否与人体实验结果相符合，从而为慢性疲劳综合征的代谢机制、诊断和治疗获得相关的科学依据。

2 研究对象与方法

2.1 研究对象

本章主要对中学生慢性疲劳综合征的代谢机制进行研究。根据第三章关于实验对象的筛选方法进行实验对象的筛选。筛选范围选择慢性疲劳综合征中学生比较集中的陕西省渭南市集才中学。最终筛选到符合标准的 8 名男性慢性疲劳综合征中学生，年龄为 17～19 岁，将其作为实验组（CFS 组）；同时选择同一学校的同龄、同性健康中学生 8 名，作为对照组。所有实验对象均自愿参加本实验，并获得监护人与学校的许可。实验前，对中学生的身高、体重、BMI 和体脂百分比（体成分分析仪型号 InBody230，韩国）进行了了解与测试。实验对象基本情况见表 5–1，两组中学生的身体基本情况均没有统计学差异。

表 5–1 实验对象基本信息 N=16

组别	身高/cm	体重/kg	BMI	体脂百分比
对照组	176.30±1.37	71.46±1.73	22.92±0.60	15.32±1.16
CFS 组	176.50±1.47	68.65±3.58	22.25±1.12	17.05±2.13

2.2 研究方法

2.2.1 运动方式

测试时间为下午 3：00。运动方式：采用改良的台阶试验，即每分钟上下台阶（台阶高度 30 cm）30 次，持续 3 min。台阶指数计算公式：台阶指数 = 持续时间（s）/（运动后 1 min、2 min、3 min 的脉搏次数之和）× 100。实验对象运动时佩戴心电监护仪（型号为 PM–9000，湖南瑞博科贸有限公司），记录其运动前安静时和运动后即刻的心率、血压、血氧饱和度。实验过程中配备了专业的医护人员，以防实验对象发生意外。

2.2.2　尿样采集

为了避免外界因素对后面代谢组学检测的干扰，在实验前 3 天开始，由研究组统一提供饮食，并禁止其进行中等强度以上的体力活动或者运动，不得服用药物、吸烟或喝酒等。尿样采集时间分为两次，第一次（运动前）采样：当天早晨 6：30，采集实验对象起床后的中段晨尿；第二次（运动后）采样：运动后 3 h，采集其中段尿。采样方式：用容量为 5 mL 的带盖离心管，采样量不少于 2 mL，采样后置于液氮罐低温保存待测。

2.2.3　尿常规检测

2.2.3.1　尿常规检测方法

各组尿液采集完毕后，用移液枪从收集盘里吸取 2 mL 的尿液均匀地浸入试纸条内，将试纸条放于检测槽内进行检测。

2.2.3.2　尿常规检测项目

酸碱度（pH）：尿液中的 pH 值可以反映体内酸碱平衡和肾脏的调节功能。亚硝酸盐（NIT）：阳性表明尿路感染。维生素 C（Vc）：Vc 检测结果主要是评价其他结果，单独阳性没有特别意义。葡萄糖（Glc）：用于检测肾小管功能，以及肾脏和胰岛素的分泌。尿隐血（BLD）：指在显微镜下发现红细胞后通过离心分离尿液，如果白细胞（WBC）和 NIT 为阳性，则意味着尿路受损；如果是阴性，则表示肾功能异常。尿蛋白（PRO）：尿蛋白是肾脏疾病的常见表现，过度运动会导致尿蛋白的产生。胆红素（BIL）：胆红素是一种胆色素，具有抗氧化功能，是肝功能的重要指标。尿胆原（URO）：通过肠肝循环进入肝脏的 BIL，大部分通过原来的形状排入肠道，另一部分与尿液进入人体循环，称为尿胆素原。酮体（KET）：酮体是脂肪分解的产物。在肝脏中具有较强合成酮体的酶系统。白细胞（WBC）：对身体的免疫系统状态作出反应。白细胞的存在表明身体有炎症，免疫系统异常。尿比重（SG）：表示尿液与水的密度之比。

2.2.4　差异代谢物的检测

样品在室温下融化，吸取 100 μL 至 1.5 mL 离心管中，加入 300 μL 甲醇，涡旋震荡充分混匀，12 000 rpm，4 ℃离心 15 min，取 200 μL 上清液，用于液相色谱–质谱联用技术检测。仪器分析平台为 LC–Q/TOF–MS（Agilent，1290 Infinity LC，6530 UHD 和 Accurate–Mass Q–TOF/MS）。分离色谱柱为 C18 色谱柱（Agilent，100 mm× 2.1 mm，1.8 μm）。色谱分离条件为：柱温 40 ℃，流速 0.35 mL/min。流动相组成 A：水+0.1%甲酸，B：乙腈+0.1%甲酸。

质谱条件：以氮气作为雾化、锥孔气；飞行管检测模式 V 型。正离子模式条件为：毛细管电压 4 kV、锥孔电压 35 kV、离子源温度 100 ℃；脱溶剂气温度 350 ℃、反向锥孔气流 50 L/h、脱溶剂气 600 L/h、萃取锥孔 4 V。

负离子模式条件：毛细管电压 3.5 kV、锥孔电压 50 kV、离子源温度 100 ℃；脱溶剂气温度 300 ℃、反向锥孔气流 50 L/h、脱溶剂气 700 L/h、萃取锥孔 4 V。

离子扫描时间 0.03 s、扫描时间间隔 0.02 s、数据采集范围：50～1 000 m/z。为确保质量的准确性和重复性，应用亮氨酸–脑啡肽作为锁定质量，正离子模式下产生$[M+H]^+$离子 556.277 1 Da，负离子模式下产生$[M-H]^-$离子 554.261 5 Da。

2.2.5 数据的多维统计分析

对各组样品所得到的物质质谱数据，用 MarkerLynx4.1 软件进行色谱峰识别与匹配，然后采用 Simca–p11.5 分析软件中主成分分析（principal component analysis，PCA）和正交偏最小二乘法–判别分析（orthogonal projections to latent structures-discriminant analysis，OPLS-DA），对获得的复杂数据进行处理，绘制出反映各组之间离散程度的得分图，以此实现对各组数据的统计分析。

经过液相色谱–质谱联用技术检测之后，利用 Simca–p11.5 分析软件（V14 Umetrics AB Umea Sweden）对归一化后的数据进行多元变量模式识别分析。对样本进行主成分分析能从总体上反应各组样本之间的总体差异和组内样本之间的变异度大小。采用 PCA、OPLS-PA 多维统计处理，所有化合物都通过京都基因与基因组百科全书（kyoto encyclopedia of genes and Genomes，KEGG）数据库进行潜在的差异代谢物筛选。以差异代谢物对本组的贡献值（variable importance in the projection，VIP）、*t* 检验概率值、与 KEGG 数据库对应物质的相似度（Similarity）三个条件作为差异代谢物的筛选指标，即满足 $VIP>1$、$p<0.05$ 和 Similarity＞700。最后，将筛选出来的差异代谢物输入 MetPA 数据库中，分析相应的代谢通路的影响权重，以影响分值＞0.01 作为标准，筛选出慢性疲劳综合征中学生出现紊乱的主要代谢通路。

3　结果与分析

3.1　尿常规检测

尿常规检测结果见表 4–2，在运动前慢性疲劳综合征组与对照组的比较中，尿胆原的含量明显上升，其他指标无显著性差异；在运动后慢性疲劳综合征组与对照组的比较中尿蛋白、尿胆原含量显著升高。慢性疲劳综合征组在运动后与运动前的比较中尿蛋白、尿胆原含量明显升高；慢性疲劳综合征组运动后的 pH 值与运动前相比明显下降。

表 5–2　尿常规检测结果

测试结果	运动前		运动后	
	对照组	CFS 组	对照组	CFS 组
pH 值	6.31±1.07	6.56±0.78	5.81±0.84	5.75±0.46#
NIT	—	—	—	—
GLC	1.30±0.70	1.50±0.40	0.99±0.35	1.30±0.70
BLD	—	—	—	—
PRO	—	0.13±0.08	0.05±0.02	0.22±0.12*#
URO	15.75±7.87	31.37±3.92*	22.20±3.50	41.25±3.15*#
KET	—	—	—	—
WBC	—	—	—	—
SG	1.02±0.01	1.02±0.01	1.02±0.01	1.02±0.01
DIL	—	—	—	—
Vc	—	—	—	—

注：—表示未检出，*表示与对照组比较时 $p<0.05$，#表示与运动前相比较时 $p<0.05$。

3.2　尿液代谢组学检测

3.2.1　差异代谢物的质谱图分析

将对照组和 CFS 组的所有样品混合在一起，得到两组的 LC–MS 总离子流重叠色谱图（TIC），如图 5–2 所示。两组共检测到 1 491 个物质峰。从对照组（A）和 CFS 组（B）的总离子流的重叠色谱图来看，两组的物质峰群存在较大的差异，说明 CFS 组中学生与对照组中学生的尿液代谢物中存在较多的差异代谢物。因此，有必要对其做进一步分析。另外，两组总离子流重叠色谱图的物质峰都非常整齐，保留时间重现性非常好，说明本研究采用的 LC-MS 仪器稳定性较高，分析和数据结果的可靠性非常高。

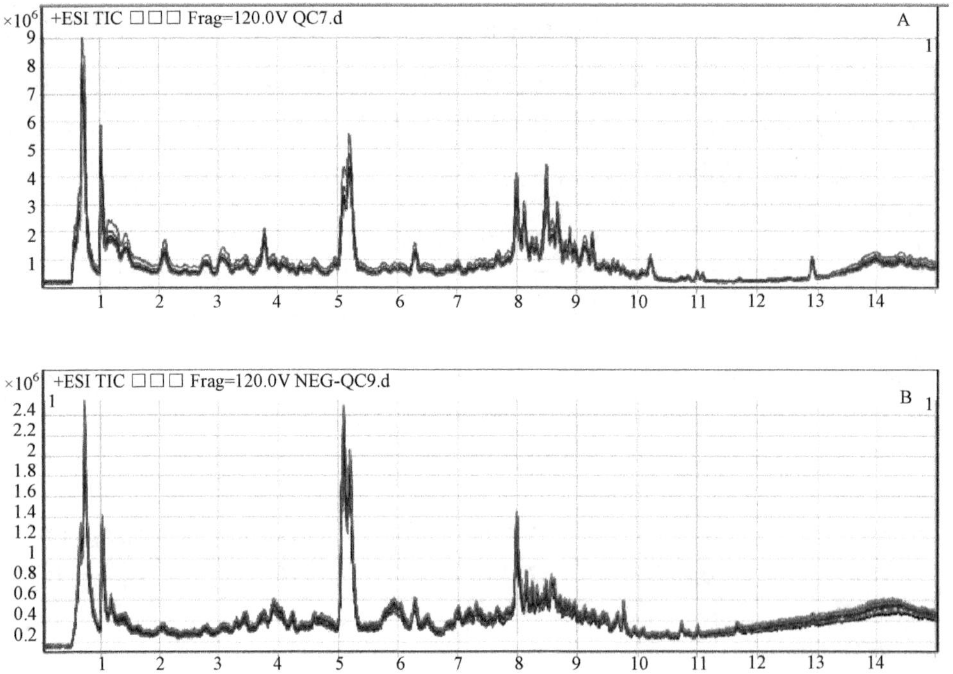

注：A：正模式；B：负模式。

图 5-2　中学生尿液样品 LC-MS 检测的总离子流结果图

3.2.2　运动干预前差异代谢物及相关代谢通路分析结果

3.2.2.1　尿液代谢物的 PCA 分析结果

本研究对安静状态下的对照组和慢性疲劳综合征组进行主成分分析，在正模式下共获得 3 个主成分，累积 R^2X=0.400，Q^2=0.076 7；负模式下共获得 3 个主成分，累积 R^2X=0.391，Q^2=0.054。PCA 得分图如图 5-3 所示。

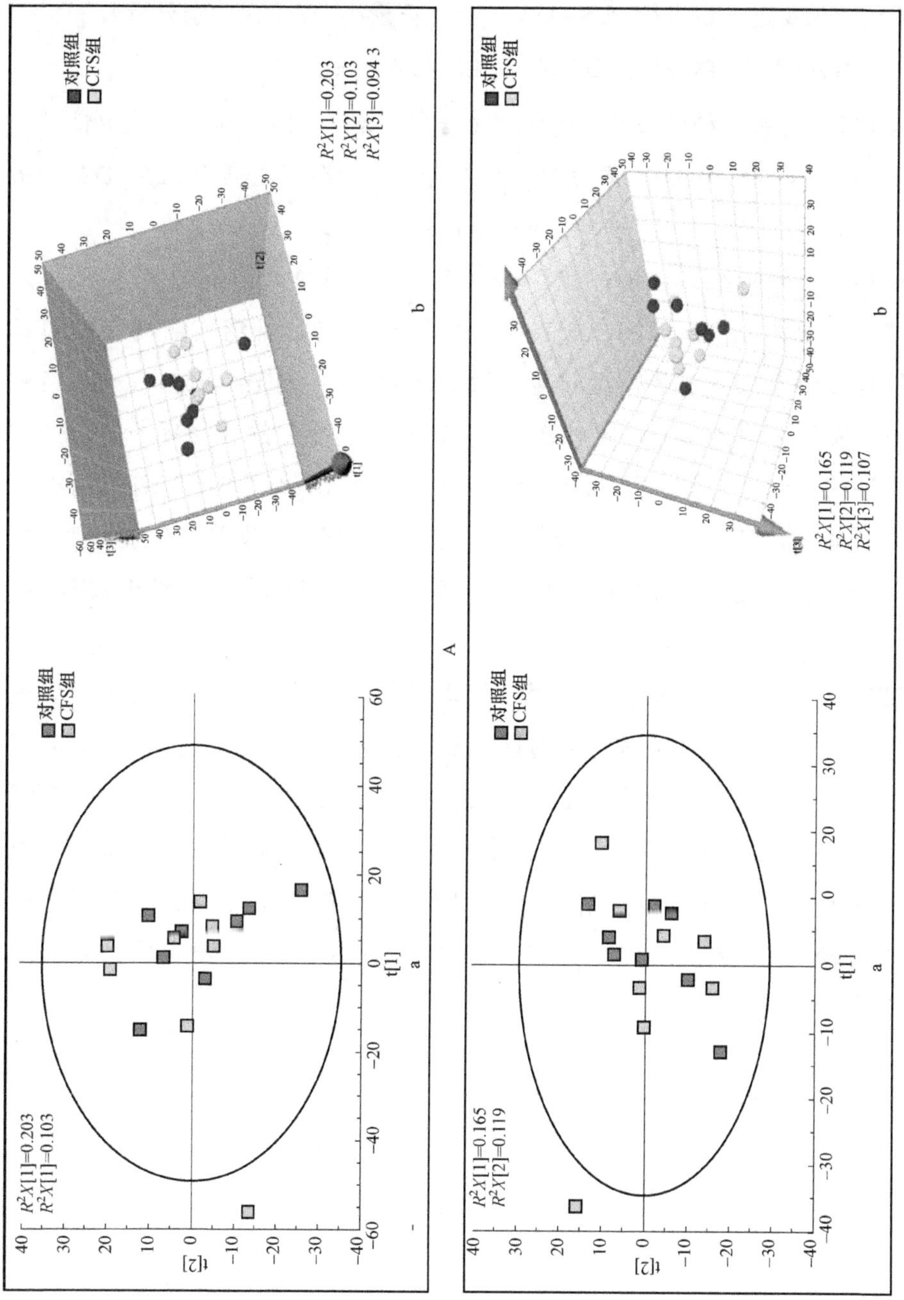

注：A 表示正模式，B 表示负模式；a 表示 2D 得分图，b 表示 3D 得分图。

图 5-3　运动前两组中学生尿液 PCA 得分结果

图 5-3 结果显示，运动前两组中学生尿液差异代谢物的 PCA 得分分离程度不明显，需要进一步进行 PLS-DA 分析（偏最小二乘法-判别分析）。

3.2.2.2 尿液代谢物的 PLS-DA 和 OPLS-DA 分析结果

为了获得导致这种显著差异的代谢物信息，本研究进一步采用监督性的多维统计方法，即 PLS-DA 对两组样本进行分析。两组代谢物的 PLS-DA 分析结果见图 5-4（正模式）和图 5-5（负模式）。

PLS-DA 分析结果显示，在正模式下，两组代谢物具有 2 个主成分，其模型质量参数 R^2X=0.276，R^2Y=0.950，Q^2=0.513；两组代谢物在负模式下，具有 2 个主成分，其模型质量参数 R^2X=0.225，R^2Y=0.955，Q^2=0.115。判别模型质量可靠性为：主要参数 R^2Y（该值代表模型的解释率）和 Q^2（该值为模型的预测率）均大于 0.4 为好，上述结果显示，该模型对于两组间差异的解释性较高，但预测性较低。因此，本研究进一步采用有监督性的方法——OPLS-DA 进行建模分析。两组代谢物的 OPLS-DA 的分析结果如图 5-6 所示。

OPLS-DA 得分结果显示，两组代谢物的差异成分，在正模式和负模式下均得到明显的分离。其中，对照组尿液样本差异代谢物全部位于散点图的左半区，CFS 组尿液样本差异代谢物全部位于散点图的右半区。两组尿液样本之间差异较大，存在十分明显的分离趋势，能够很好地反映出组内尿液样本的相似性和组间尿液样本的差异性，说明安静状态下对照组中学生和 CFS 组中学生的差异代谢物被充分提取，可进行差异代谢物的进一步筛选。

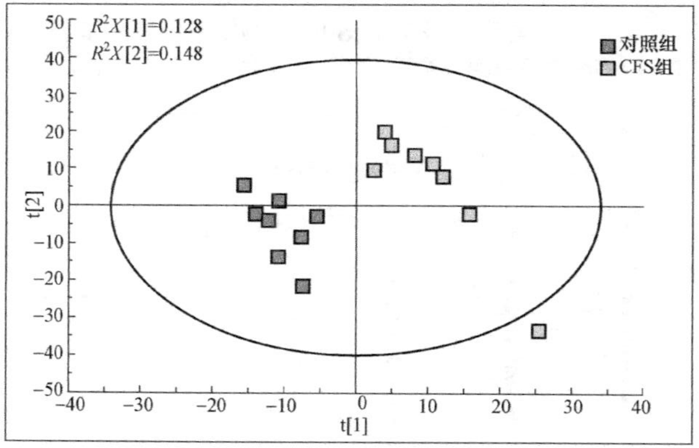

A

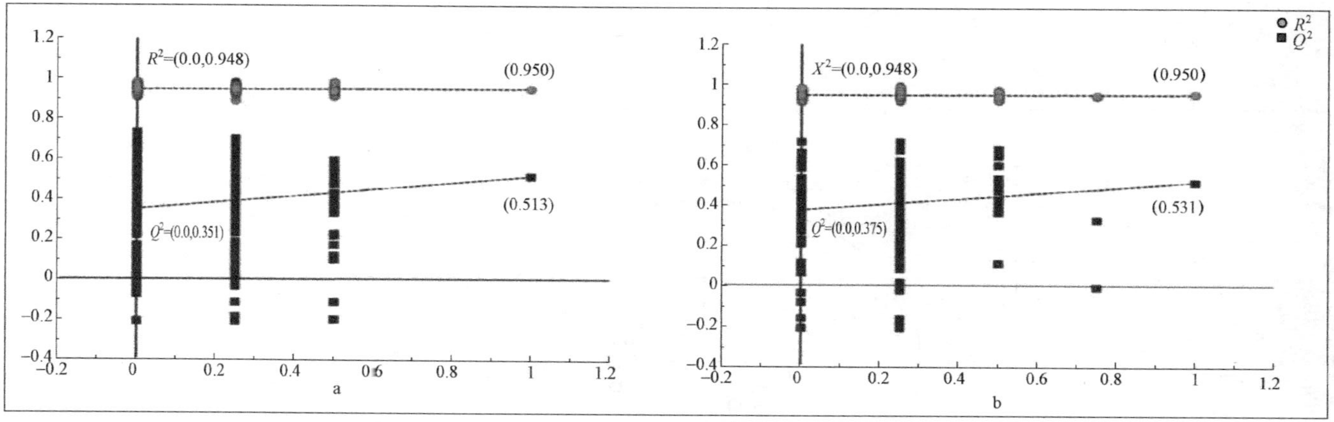

B

注：A 表示 PLS-DA 得分分布图，B 表示 PLS-DA 模型验证结果（a 表示对照组，b 表示 CFS 组）。

图 5-4　正模式下两组代谢物的 PLS-DA 分析结果

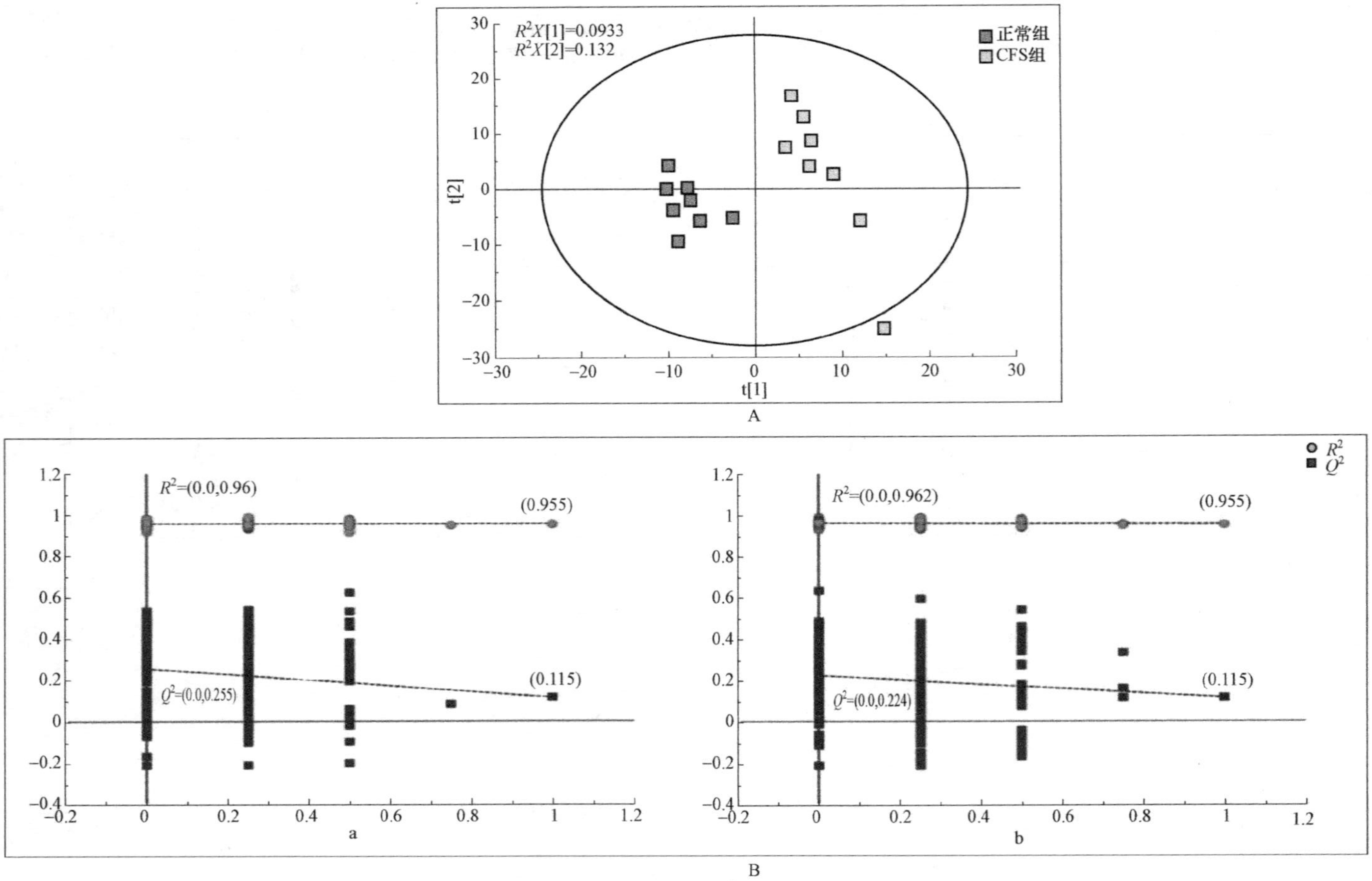

注：A 表示 PLS-DA 得分分布图，B 表示 PLS-DA 模型验证结果（a 表示对照组，b 表示 CFS 组）。

图 5-5　负模式下两组代谢物的 PLS-DA 分析结果

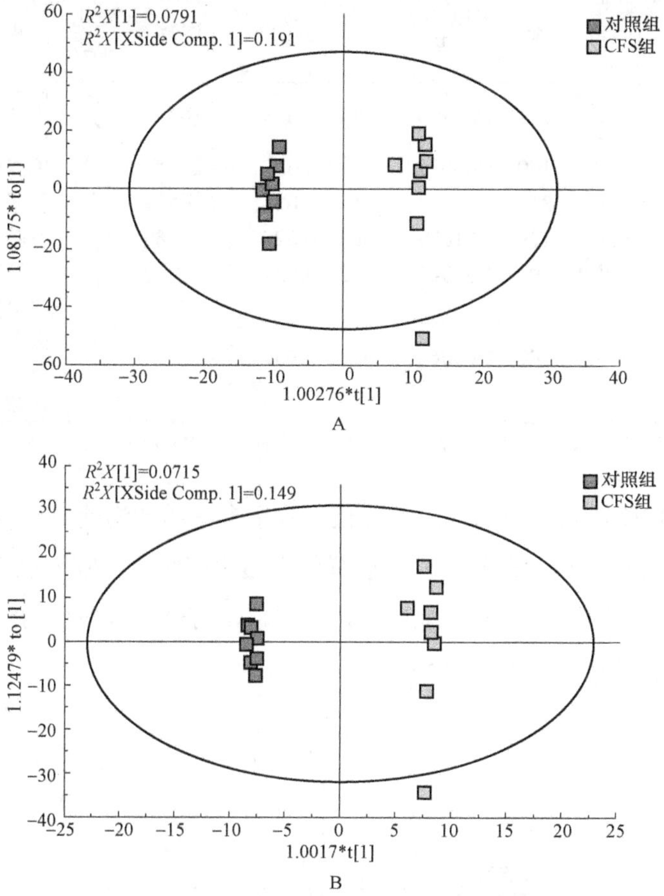

注：A 表示正模式，B 表示负模式。

图 5-6　两组代谢物的 OPLS-DA 得分结果

3.2.2.3　潜在差异代谢物及其相关代谢通路的筛选

本研究采用的潜在差异代谢物的筛选标准为：该物质在 OPLS-DA 模型中的 $VIP>1$，且 $p<0.05$。差异性代谢物的定性方法为：搜索在线数据库（Metlin），比较质谱的质荷比（m/z）或者精确分子质量（mass）。表 5-3 是运动前慢性疲劳综合征组中学生的尿液差异代谢物及相关的代谢通路。

表 5–3　运动前慢性疲劳综合征组中学生的尿液差异代谢物及相关的代谢通路

模式	序号	出峰时间/min	质荷比	KEGG 代码	*VIP*	*p* 值	代谢物	变化趋势	相关代谢系统
正模式（ESI⁺）	1	0.71	131	C00300	1.834	0.043	肌酸	↓*	精氨酸和脯氨酸代谢
	2	1.87	159	C00637	1.878	0.037	吲哚乙醛	↓*	色氨酸代谢
	3	9.70	317	C12144	2.418	0.004	鞘氨醇	↓**	鞘脂类代谢
	4	5.94	129	C01879	2.063	0.020	焦谷氨酸	↓*	谷胱甘肽代谢
负模式（ESI⁻）	1	7.96	205	C02043	2.142	0.021	吲哚乙酸	↓*	色氨酸代谢
	2	5.19	146	C00064	1.950	0.039	谷氨酰胺	↓*	谷氨酸、丙氨酸和天冬氨酸代谢 谷氨酰胺和谷氨酸代谢

注：↑表示上调，↓表示下调；与对照组相比较，*表示 $p<0.05$，**表示 $p<0.01$。

为进一步确定具体检测出的差异代谢物所参与的代谢途径，将所检测到的差异代谢物输入 MetPA 数据库中，设置代谢通路影响值的临界值为 0.01，影响值高于这个值的通路被认为是潜在的靶标通路，符合筛选条件的代谢通路为精氨酸和脯氨酸代谢，结果见图 5–7。

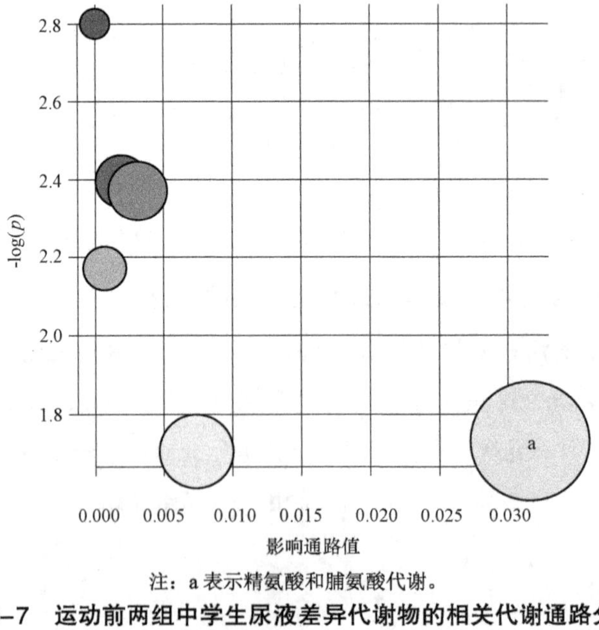

注：a 表示精氨酸和脯氨酸代谢。

图 5–7　运动前两组中学生尿液差异代谢物的相关代谢通路分析

根据表 5–3 的结果，肌酸为精氨酸和脯氨酸代谢通路标记物，根据 MetPA 数据库，其在精氨酸和脯氨酸代谢通路中的位置如图 5–8 所示。

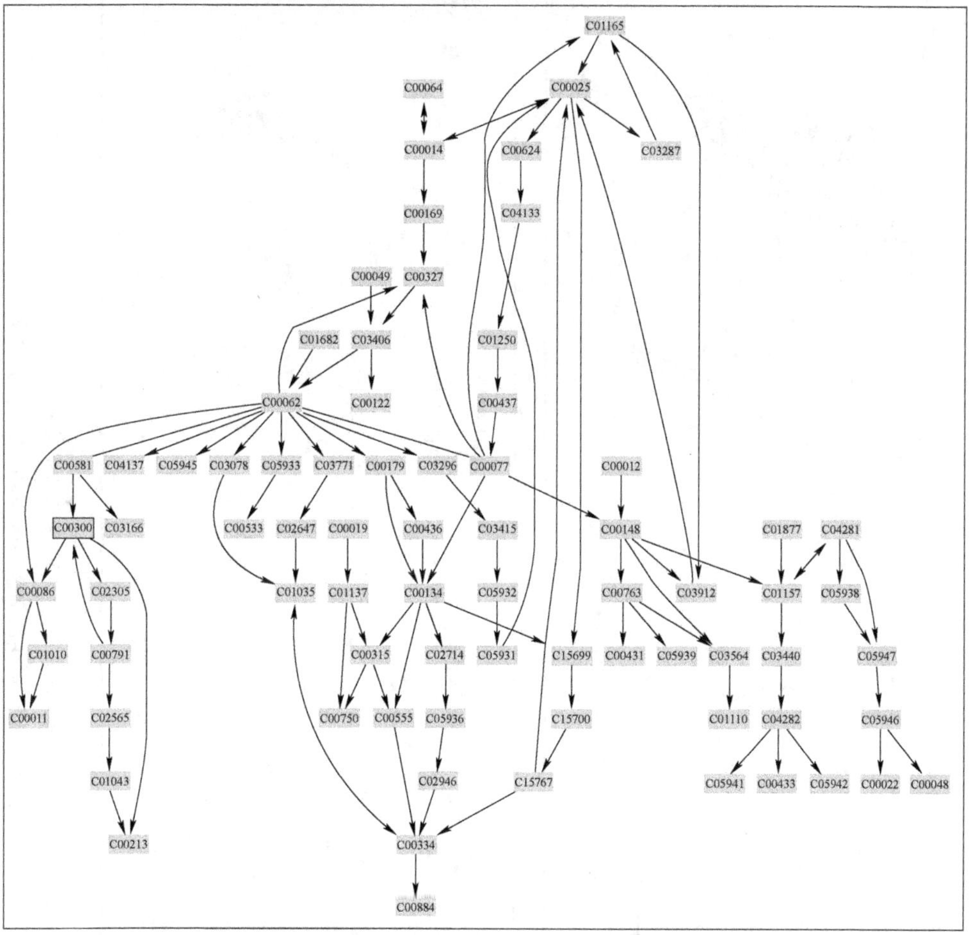

图 5–8　肌酸在精氨酸和脯氨酸代谢通路所处的位置（肌酸 KEGG 代码：C00300）

3.2.3　运动干预后差异代谢物及相关代谢通路分析结果

3.2.3.1　尿液代谢物的 PCA 分析结果

本研究对运动后对照组与慢性疲劳综合征组进行主成分分析，在正模式下共获得 2 个主成分，模型参数累积是 R^2X=0.271，Q^2=0.015 9；在负模式下共获得 3 个主成分，模型参数累积是 R^2X=0.247，Q^2=0.125。两组差异代谢物的 PCA 得分结果见图 5–9。

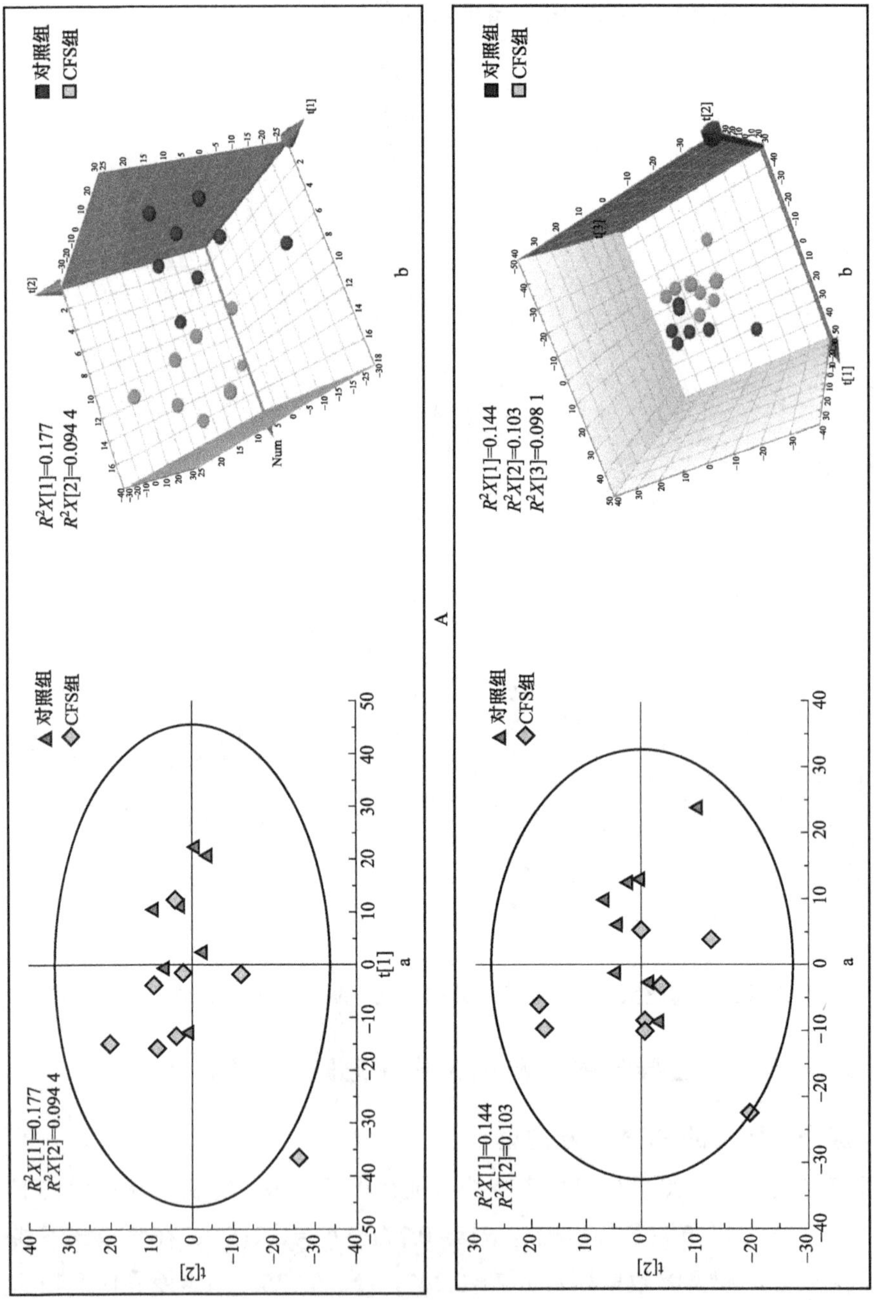

注：A 表示正模式，B 表示负模式；a 表示 2D 得分图，b 表示 3D 得分图。

图 5–9 运动后两组中学生尿液差异代谢物 PCA 得分结果

图 5–9 结果显示，运动后对照组和 CFS 组的差异代谢物的 PCA 得分分离程度并不明显，需要进一步对两组样本的差异性进行分析。

3.2.3.2　尿液代谢物的 PLS–DA 和 OPLS–DA 分析结果

为了获得导致这种显著差异的代谢物信息，本研究进一步采用监督性的多维统计方法，即 PLS–DA 对两组样本进行分析。两组代谢物的 PLS–DA 分析结果见图 5–10（正模式）和图 5–11（负模式）。

PLS–DA 分析结果显示，在正模式下，具有 2 个主成分，R^2X=0.246，R^2Y=0.999，Q^2=0.732；在负模式下具有 2 个主成分，R^2X=0.211，R^2Y=0.990，Q^2=0.545。该模型的主要参数为 R^2Y 与 Q^2，两者均大于 0.4，表明该模型对两组代谢物的差异的解释性和预测性均较好。

为了获得两组代谢物的差异代谢物更加理想分离，本研究进一步采用有监督性的方法——OPLS–DA 进行建模分析。两组代谢产物的 OPLS–DA 分析结果如图 5–12 所示。

OPLS–DA 得分结果显示，中等强度运动后，两组代谢物的差异成分在正模式和负模式下均得到明显的分离。其中，对照组尿液样本差异代谢物全部位于散点图的左半区，CFS 组尿液样本差异代谢物全部位于散点图的右半区。两组尿液样本之间差异较大，存在十分明显的分离趋势，能够很好地反映出组内尿液样本代谢物的相似性和组间尿液样本代谢物的差异性，说明安静状态下对照组中学生和 CFS 组中学生的差异代谢物被充分提取，可进行差异代谢物的进一步筛选。

3.2.3.3　潜在差异代谢物及其相关代谢通路的筛选

本研究采用 OPLS–DA 模型的 $VIP>1$，并结合 t 检验的 p 值（$p<0.05$）来寻找差异代谢物。差异代谢物的定性方法为：搜索在线数据库（Metlin），比较质谱的质荷比（m/z）或者精确分子质量（mass）。运动后，两组中学生尿液样本被筛选出的差异代谢物见表 5–4。

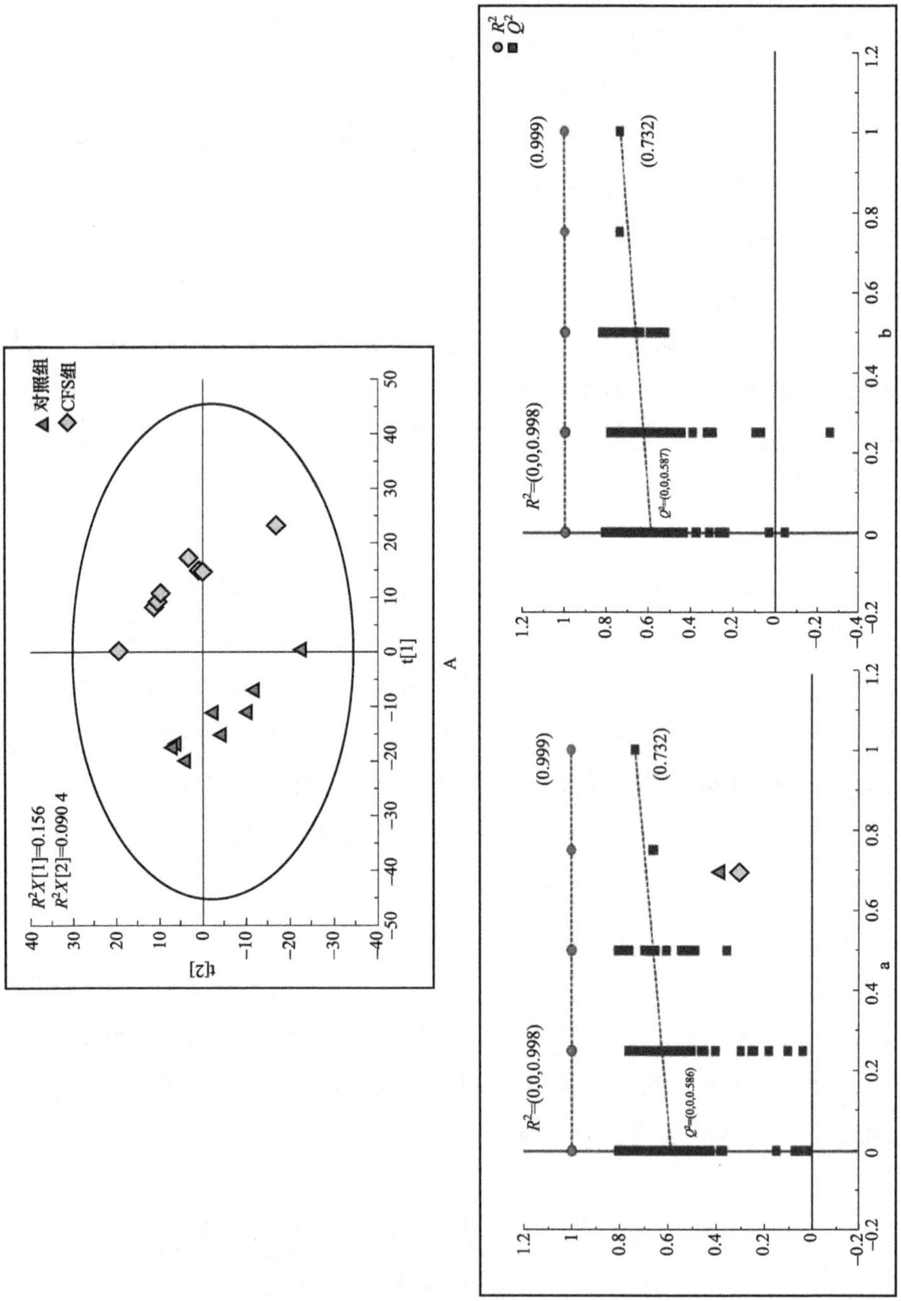

注：A 表示 PLS-DA 得分分布图，B 表示 PLS-DA 模型验证结果（a 表示对照组，b 表示 CFS 组）。

图 5-10 正模式下两组代谢物的 PLS-DA 分析结果

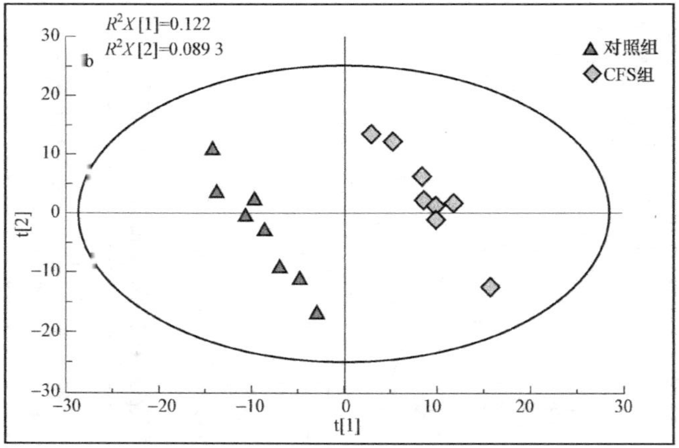

A

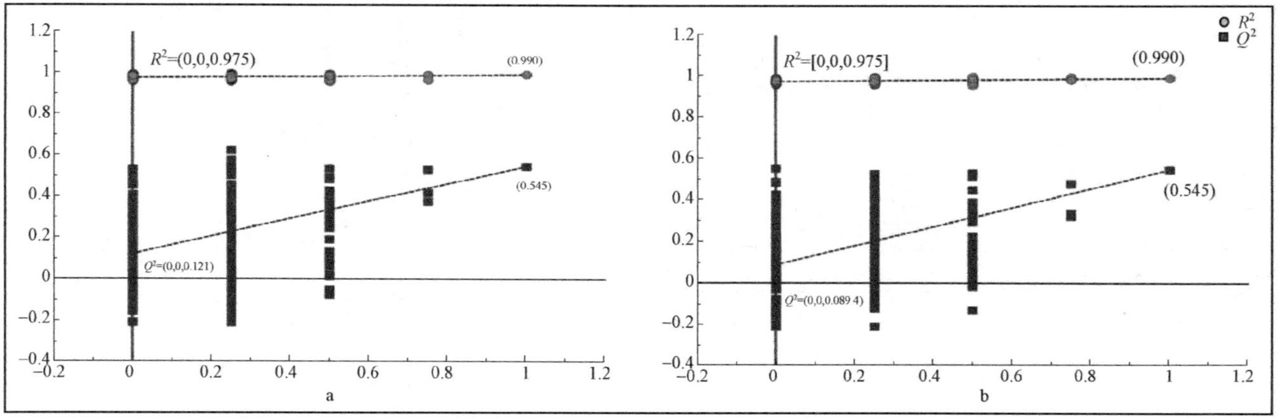

B

注：A 表示 PLS−DA 得分分布图，B 表示 PLS−DA 模型验证结果（a 表示对照组，b 表示 CFS 组）。

图 5−11　负模式下两组代谢物的 PLS−DA 分析结果

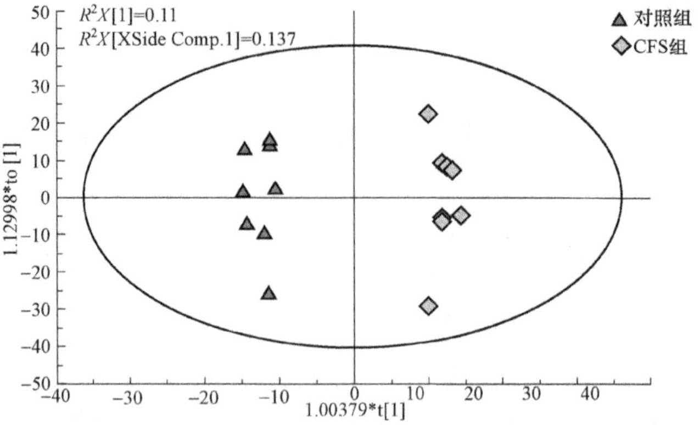

A

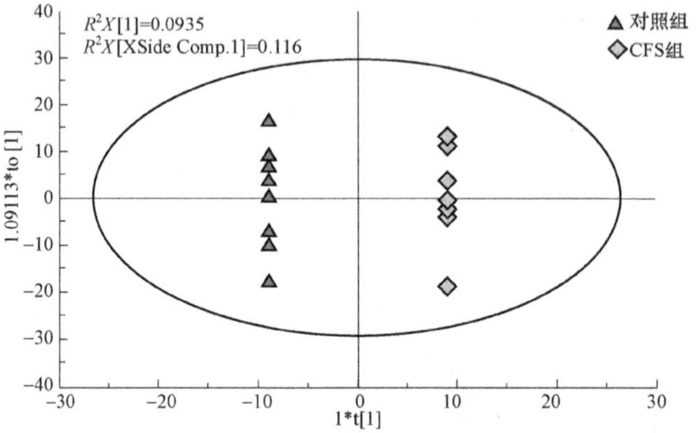

B

注：A 表示正模式，B 表示负模式。

图 5–12　两组代谢物的 OPLS–DA 分析结果

表 5–4　运动后慢性疲劳综合征组中学生的尿液差异代谢物及相关的代谢通路

模式	序号	出峰时间/min	质荷比	KEGG 代码	*VIP*	*p* 值	代谢物	变化趋势	相关代谢系统
正模式（ESI⁺）	1	8.14	188	C08261	1.680	0.027	壬二酸	↓*	壬二酸代谢
	2	2.55	281	C02494	1.594	0.038	甲基腺苷	↑*	甲基腺苷代谢
	3	6.49	203	C02571	2.086	0.004	乙酰肉碱	↓**	乙酰肉碱代谢
	4	10.21	172	C01571	1.725	0.023	癸酸	↓*	脂肪酸的生物合成
	5	8.51	346	C02140	1.884	0.011	皮质酮	↓*	类固醇激素的生物合成
	6	0.71	131	C00300	1.608	0.036	肌酸	↑*	精氨酸和脯氨酸代谢
	7	8.45	312	C08149	1.987	0.006	左炔诺孕酮	↓**	左炔诺孕酮代谢
	8	2.74	219	C00864	2.052	0.004	泛酸	↓**	泛酸和辅酶 A 的生物合成

续表

模式	序号	出峰时间/min	质荷比	KEGG代码	*VIP*	*p* 值	代谢物	变化趋势	相关代谢系统
正模式（ESI$^+$）	9	1.03	129	C01879	2.035	0.005	焦谷氨酸	$\downarrow^{**}$	谷胱甘肽代谢
	10	9.86	317	C12144	1.954	0.008	鞘氨醇	$\downarrow^{**}$	鞘脂类代谢
	11	1.96	2 847	C01762	1.559	0.043	黄苷	$\downarrow^{*}$	嘌呤代谢
	12	4.02	205	C02470	1.547	0.045	黄尿酸	$\downarrow^{*}$	色氨酸代谢
负模式（ESI$^-$）	13	1.81	182	C16359	1.639	0.048	甲基尿酸	$\uparrow^{*}$	咖啡因代谢
	14	0.73	168	C00366	1.647	0.047	尿酸	$\uparrow^{*}$	嘌呤代谢
	15	1.08	152	C00385	1.964	0.014	黄嘌呤	$\uparrow^{*}$	嘌呤代谢

注：↑表示上调，↓表示下调；与对照组相比较，*表示 $p<0.05$，**表示 $p<0.01$。

为进一步确定具体检测出的差异代谢物所参与的代谢途径，将所检测到的差异代谢物输入 MetPA 数据库中，设置代谢通路影响值的临界值为 0.01，影响值高于这个值的通路被认为是潜在的靶标通路，符合筛选条件的代谢通路见图 5–13。

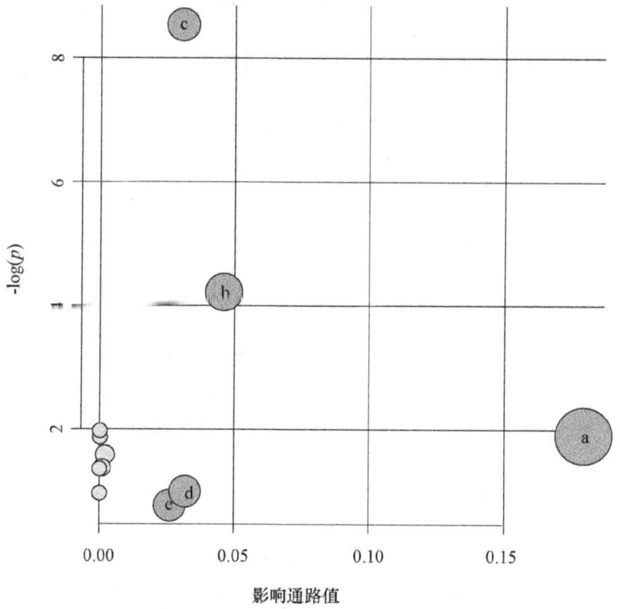

注：a 表示泛酸和辅酶 A 的生物合成，b 表示嘌呤代谢，c 表示咖啡因代谢，d 表示精氨酸和脯氨酸代谢，e 类固醇激素的生物合成。

图 5–13　运动后两组中学生尿液差异代谢物的相关代谢通路

图 5-13 所示为中等强度运动后对照组中学生和慢性疲劳综合征组中学生的尿液差异代谢物的相关代谢通路。图中的圆代表相应的代谢通路，横轴所表示的为代谢通路的影响值，纵轴为各代谢通路 p 值的负对数。将代谢通路影响值的临界值设置为 0.01，筛选出运动后对照组和慢性疲劳综合征组有 5 条代谢通路被筛选，它们依次是泛酸和辅酶 A 的生物合成、嘌呤代谢、咖啡因代谢、精氨酸和脯氨酸代谢和类固醇激素的生物合成。

同时，本研究结合 MetPA 数据库关于代谢物的代谢通路归属，根据表 5-4 的结果，分别将上述 5 条代谢通路的标记差异代谢物及其在相应代谢通路中的位置进行确定，结果如图 5-14 至图 5-18 所示。

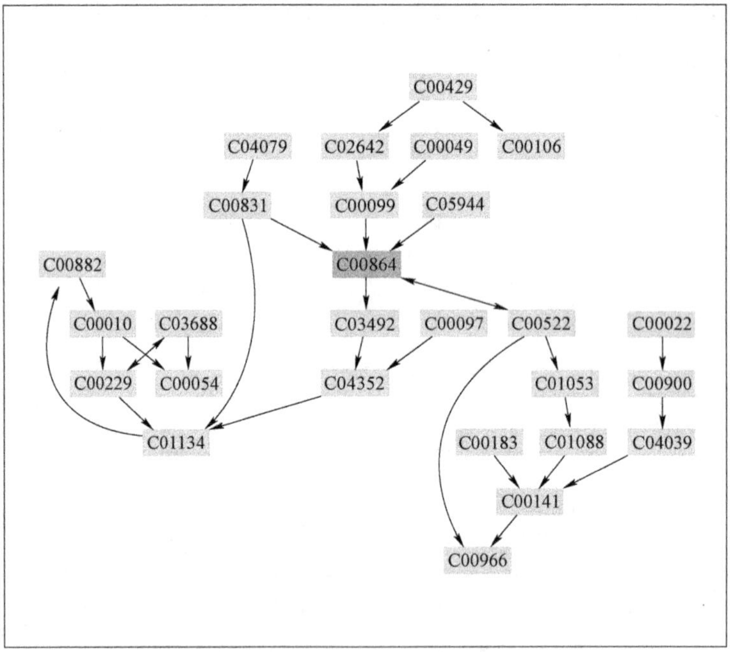

注：C00864 为泛酸。

图 5-14 泛酸和辅酶 A 的生物合成代谢通路及其标志性代谢物位置

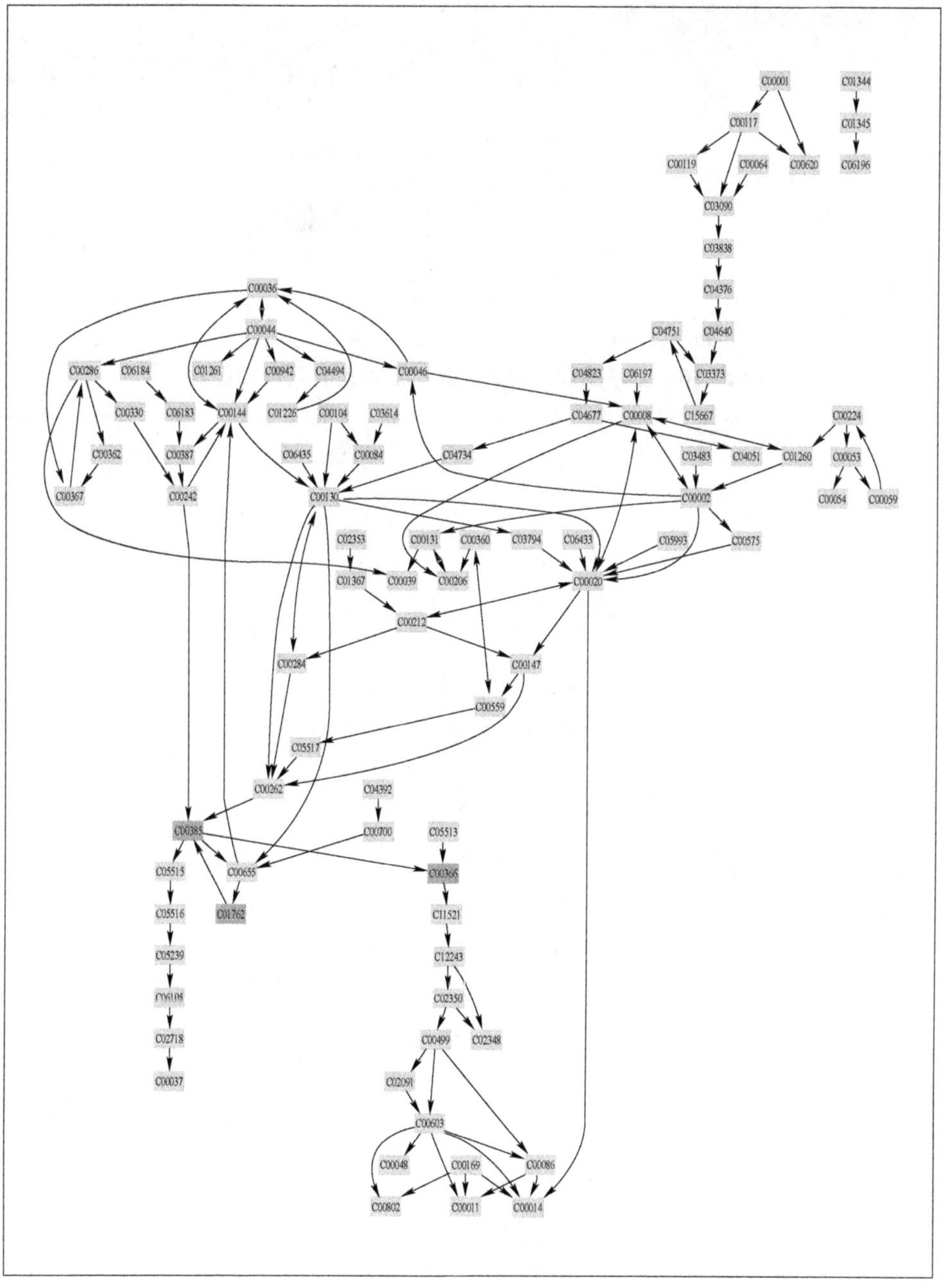

注：C00385 为黄嘌呤，C01762 为黄苷，C00366 为尿酸。

图 5–15　嘌呤代谢通路及其标志性代谢物位置

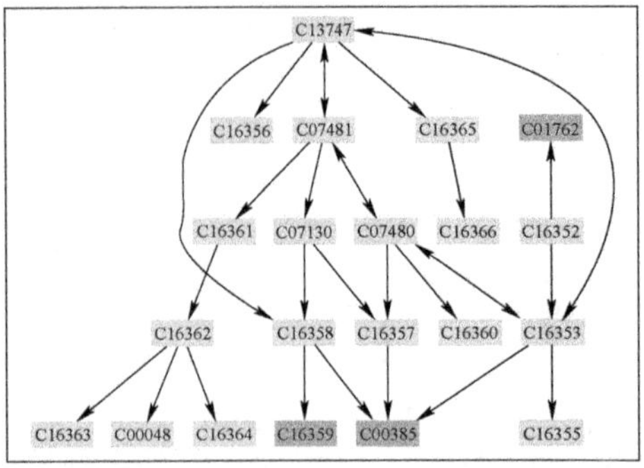

注：C01762 为黄苷，C16359 为甲基尿酸，C00385 为黄嘌呤。

图 5–16　咖啡因代谢通路及其标志性差异代谢物位置

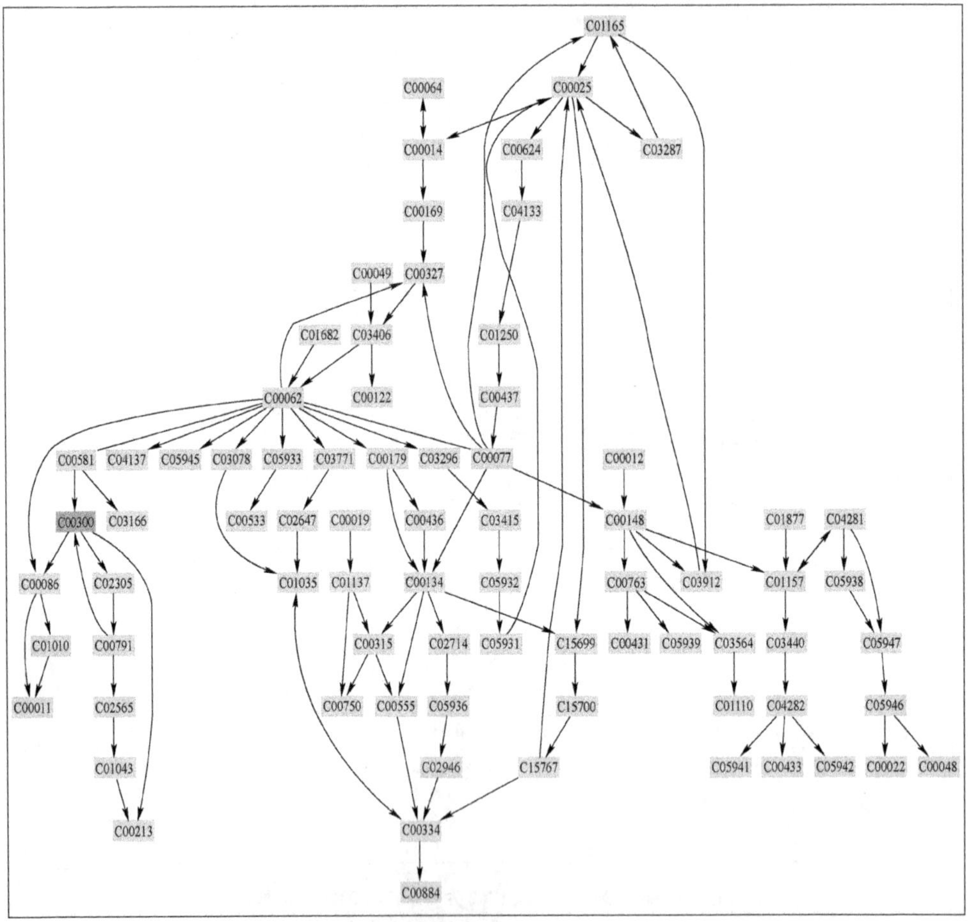

注：C00300 为肌酸。

图 5–17　精氨酸与脯氨酸代谢通路及其标志性差异代谢物位置

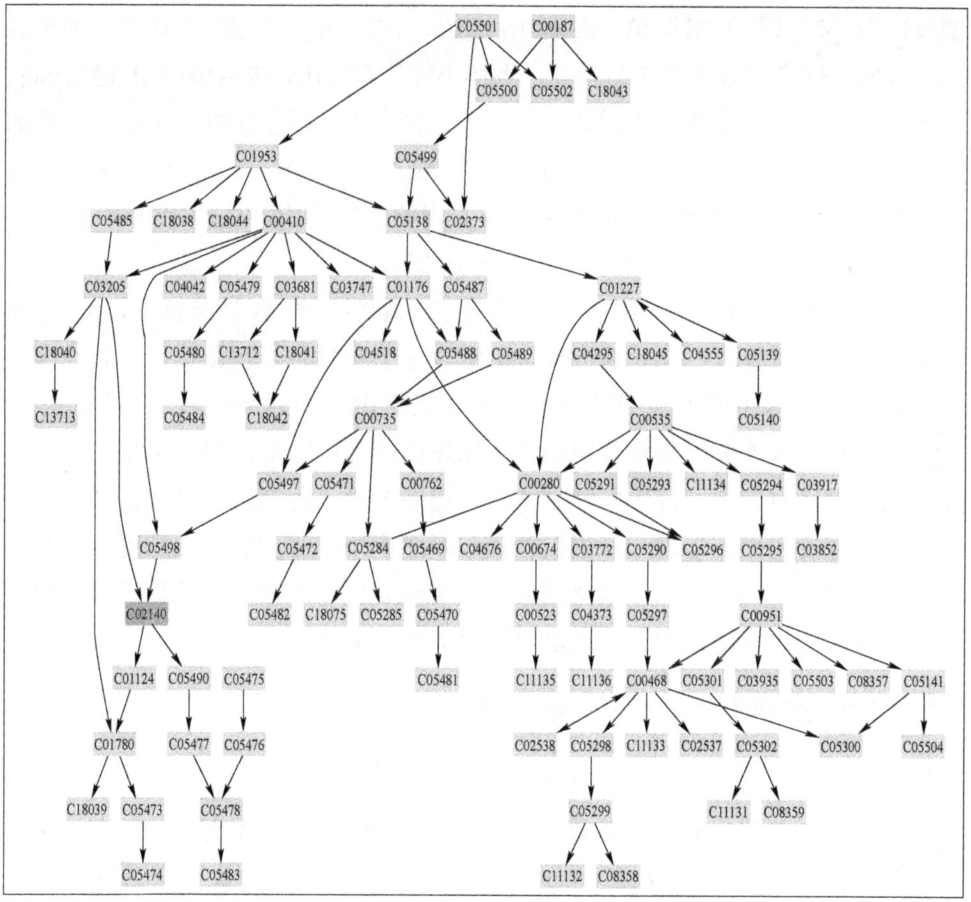

注：C02140 为皮质酮。

图 5–18　类固醇激素的生物合成代谢通路及其标志性差异代谢物位置

4 讨　论

4.1　尿常规分析

尿常规是最常用的临床检查项目，对泌尿系统疾病等全身性疾病的诊断具有一定价值，它还对监测某些药物治疗和筛查健康人体检有积极作用。尿常规检查可以确定肝脏、胆囊、肾脏和免疫系统的状况，并可以有效地确定由慢性疲劳综合征引起的身体病症。GLc、PRO 可以对肾脏的功能作出反应，PRO 主要反映肾小球（管）损伤和合格率[1]。URO、BIL 可以确定肝胆功能，如果肝功能异常，则会导致体内异常溶血，人体不能摄取 BIL，导致体内胆红素升高，进入肠道，通过肠道重吸收进入肝脏，使过量 BIL 不能分解、转化，过量的 URO、BIL 从肾脏排出，检测变为阳性[2]。BLD 和 WBC 可以反映人体的免疫系统状态。尿液中的血液量需要通过尿常规检测来判定，尿液中发现 BLD、WBC 说明机体存在炎症，免疫系统出现异常[3]。

研究发现，慢性疲劳综合征组中学生在运动后尿检 11 项指标中，pH 值与运动前相比显著下降，运动后慢性疲劳综合征组中学生尿胆原含量显著升高，说明在运动过程中慢性疲劳综合征组中学生对运动的适应性低于对照组中学生。在运动前慢性疲劳综合征组中学生尿蛋白明显高于对照组中学生，这说明在运动前慢性疲劳综合征组中学生生理上已经产生了病变，有可能是慢性疲劳综合征导致的，而在运动后尿蛋白含量与对照组中学生相比较上升更加显著。

综上所述，通过生理手段检测慢性疲劳综合征中学生运动前后的尿蛋白、尿胆原含量变化对防范中学生运动风险具有重大意义。

4.2 代谢组学数据分析及处理技术

代谢组学使用现代高通量仪器分析，分析结果将产生大量数据，因此，有必要使用化学计量学和生物信息学技术对数据进行预处理和建模[4]。在代谢组学应用中，数据处理一般包括预处理、模式识别、模型验证和变量筛选等步骤[5]。具体步骤如图 5-19 所示。

---

[1] 李学旺，叶文玲. 尿液蛋白质的检测及临床评价[J]. 中国实用内科杂志，2002，22（1）：17-19.

[2] 虞红建. 尿胆红素对干化学法检测尿胆原的影响探讨[J]. 中外医学研究，2012，10（29）：57-58.

[3] 曾嵘，彭祥云. 尿液分析仪检测尿中白细胞的影响因素[J]. 实用医技杂志，2007，14（21）：2909-2910.

[4] TRYGG J，HOLMES E，LUNDSTEDT T. Chemometrics in metabonomics[J]. Journal of Proteome Research，2007，6（2）：469–479.

[5] ERIKSSON L，ANTTI H，GOTTFRIES J，et al. Using chemometrics for navigating in the large data sets of genomics，proteomics，and metabonomics（GPM）[J]. Analytical and Bioanalytical Chemistry，2004，380（3）：419-429.

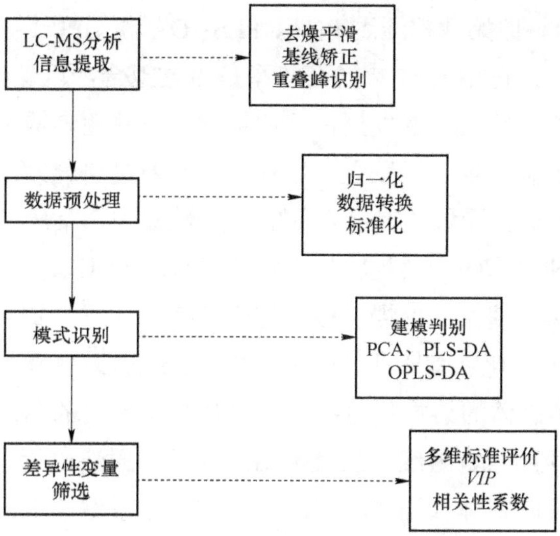

图 5–19 代谢组学检测数据的处理流程图

数据处理通常包括三个步骤：归一化、数据转换和标准化。为每个步骤选择合适的方法需要综合考虑实验对象、样本类型和仪器分析特征。多维统计可以捕捉有利于代谢调节网络研究的相关变量，在最大程度保留原始信息的基础上，可以对“高维和复杂”的数据进行“降维和简化”，建立可靠的数学模型，总结实验对象的代谢谱特征。主成分分析（PCA）一般可以用来初步分析各组样本间的总体分布状况、自然聚集状态及是否存在奇异样本。为了进一步放大组间差异，一般要采用监督性的多维分析方法，包括偏最小二乘法–判别分析（PLS–DA）和正交偏最小二乘法–判别分析（OPLS–DA）两种。响应排序测试（RPT）是一种随机排序方法，用于评估 PLS 或 OPLS 模型的准确性。避免监督式学习方法获得分类并非偶然。通常，R^2Y 和 Q^2 的斜率越接近直线，过拟合的可能性越

[1] NICHOLSON J K，CONNELLY J，LINDON J C，et al. Metabonomics：a platform for studying drug toxicity and gene function [J]. Nature Reviews Drug Discovery，2002，1（2）：153–61.

[2] NICHOLSON J K，CONNELLY J，LINDON J C，et al. Metabonomics：a platform for studying drug toxicity and gene function [J]. Nature Reviews Drug Discovery，2002，1（2）：153–161.

[3] WONG W S，FIELDING R. Construct validity of the Chinese version of the Chalder fatigue scale in a Chinese community sample[J]. Journal of Psychosomatic，Research，2013，168（1）：89–93.

大。因此，本实验将原始数据通过 PCA、PLS−DA 和 OPLS−DA 三种分析方法进行多元统计分析，再用 RPT 来验证模型是否过拟合，以保证数据科学有效。

随着代谢组学检测技术的发展，代谢组学的方法逐渐成为研究运动干预慢性疾病代谢调控机制的重要手段之一。众多学者通过研究发现，代谢紊乱是慢性疾病的病理基础[1]。慢性疲劳综合征的隐蔽性极强，临床常规检查一般很难发现。因此，这种疾病的相关生物标志物和发病机制难以找到。身体疲劳、精神抑郁、情绪低落等情况会使慢性疲劳综合征症状加重，特别是高强度运动的应激反应会进一步恶化病情[2−3]，此时可以清楚地测量出慢性疲劳综合征的生理变化[4]。尿液是机体的终端代谢物，可以从整体代谢的角度反映机体的代谢状况。机体内的局部器官组织一旦发生功能异常，尿液中代谢产物即会随之发生变化，从而能反映机体代谢的状况。本研究通过对健康中学生和慢性疲劳综合征中学生运动前后尿液代谢差异物的筛选分析，探索运动对健康中学生和慢性疲劳综合征中学生的代谢影响差异。

4.3 运动前后尿液差异代谢物及相关代谢通路分析

慢性疲劳综合征是一种较为严重的持续性疲劳，患者表现的症状主要有乏力、身体某些部位疼痛、记忆认知能力下降、抗病能力差等。研究报道显示，慢性疲劳综合征的这些症状与能量代谢系统紊乱[5]、免疫功能紊乱[6]，以及下

---

[1] LAPP C W，CHENEY P R. The chronic fatigue syndrome.[J]. Annals of Internal Medicine，1995，123（1）：74−75.

[2] FOGERTY M D，EFRON D，MORANDI A，et al. Effect of preinjury statin use on mortality and septic shock in elderly burn patients.[J]. Journal of Trauma，2010，69（1）：99−103.

[3] 王恬. 精氨酸对免疫机能的影响及调节作用[J]. 上海体育学院学报，2006，30(2)：76−79.

[4] 姜桢，郭克芳，董苏斐. 左旋精氨酸与氧自由基的相互作用[J]. 临床麻醉学杂志，2000，16（10）：503−505.

[5] LOGAN A C，WONG C. Chronic fatigue syndrome：oxidative stress and dietary modifications[J]. Alternative Medicine Review：A Journal of Clinical Therapeutic，2001，6（5）：450–459.

[6] ROSENBLUM H，SHOENFELD Y，AMITAL H. The common immunogenic etiology of chronic fatigue syndrome：from infections to vaccines via adjuvants to the ASIA syndrome[J]. Infectious Disease Clinics of North America，2011，25（4）：851–863.

丘脑–垂体–肾上腺轴（HPA 轴）功能减退等有关[1]。本研究前期建立了慢性疲劳综合征的动物模型，探索了慢性疲劳综合征发病的代谢机制，研究结果显示：慢性疲劳综合征机体代谢障碍主要发生在三羧酸循环，谷氨酸、丙氨酸和天冬氨酸代谢，类固醇激素的合成三条代谢通路上[2]。为了验证基础研究的结果，本研究经过严格筛选与控制，对 8 名慢性疲劳综合征中学生进行了代谢机制的探索。研究采用液相色谱–质谱联用技术，对慢性疲劳综合征中学生运动前后采集的尿液进行系列检测与数据分析。结果如下：分别对运动前后两种状态下对照组和慢性疲劳综合征组的总离子流图、PCA 得分图、PLS–DA 得分图、OPLS–DA 得分图和排序验证图在正、负两种电离模式下对比，显示两组中学生体内某些代谢物质发生了显著性的变化，提示慢性疲劳综合征会导致中学生体内的代谢途径发生一定的改变，对其进一步分析可得出两组中学生尿液中的差异代谢物。

运动前慢性疲劳综合征组中学生较对照组中学生在正模式下发生改变的代谢物主要有肌酸、吲哚乙醛、鞘氨醇和焦谷氨酸，在负模式下主要有吲哚乙酸、谷氨酰胺；而且慢性疲劳综合征组较对照组代谢物含量变化全部为下降趋势。这 6 种代谢物所涉及的代谢通路主要包括：精氨酸和脯氨酸代谢，色氨酸代谢，鞘脂类代谢，谷胱甘肽代谢，谷氨酸、丙氨酸和天冬氨酸代谢，谷氨酰胺和谷氨酸代谢。由于负模式下的排序验证过拟合，数据预测率低，因此只将正模式下检测出的代谢差异物输入 MetPA 数据库中来进一步精确代谢通路，得到对照组和慢性疲劳综合征组中学生有显著性差异的代谢途径为精氨酸和脯氨酸代谢。

运动后慢性疲劳综合征组中学生较对照组中学生在正模式下发生改变的代谢物主要有：壬二酸、1–甲基腺苷、乙酰肉碱、癸酸、皮质酮、肌酸、左炔诺孕酮、泛酸、焦谷氨酸、鞘氨醇、黄苷、黄尿酸；负模式下主要有：1–甲基尿酸、尿酸、黄嘌呤。这 15 种代谢物所涉及的代谢通路主要有：壬二酸代谢、

[1] PAPADOPOULOS A S，CLEARE A J. Hypothalamic-pituitary-adrenal axis dysfunction in chronic fatigue syndrome[J]. Nature Reviews Endocrinology，2012，8（1）：22–32.

[2] SHAO CZ，REN YM，WANG ZN，et al. Detection of urine metabolites in a rat model of chronic fatigue syndrome before and after exercise[J/OL]. BioMed Research International，2017，https：//doi.org/10.1155/2017/8182020.

甲基腺苷代谢、乙酰肉碱代谢、脂肪酸的生物合成、类固醇激素的生物合成、精氨酸和脯氨酸代谢、左炔诺孕酮代谢、泛酸和辅酶 A 的生物合成、谷胱甘肽代谢、鞘脂类代谢、嘌呤代谢、咖啡因代谢、色氨酸代谢。检测出的代谢差异物输入 MetPA 数据库中来进一步精确代谢通路，得到对照组和慢性疲劳综合征组中学生有显著性差异的代谢途径有 5 条，分别为：泛酸和辅酶 A 的生物合成、精氨酸和脯氨酸代谢、类固醇激素的生物合成、嘌呤代谢、咖啡因代谢。

结果表明，在非运动状态下，慢性疲劳综合征组的代谢紊乱与精氨酸和脯氨酸代谢紊乱相关；而在运动后，慢性疲劳综合征组的除精氨酸和脯氨酸代谢紊乱依然存在之外，还与泛酸和辅酶 A 的生物合成、类固醇激素的生物合成、嘌呤代谢、咖啡因代谢 4 条代谢通路障碍有关。本次研究的结果与前期研究结果相比，都证实了慢性疲劳综合征机体存在类固醇生物合成降低现象。

类固醇是亲脂性的小分子量化合物，起源于胆固醇并具有许多重要的生理作用[1]。类固醇激素主要由内分泌腺分泌，然后进入血液循环，作用于外周靶组织和中枢神经系统。它们针对特定的生物学目的调整个体的生理和行为反应。类固醇激素在肾上腺皮质、睾丸、卵巢和胎盘中合成。由于这些器官含有不同量的各种类固醇激素合成酶，所以产生各种类型的激素[2]。它主要分为两类，一类为肾上腺皮质激素，另一类为性激素。类固醇激素对人体的作用也是至关重要的。它不但具有抗炎和抗过敏的性能，还能够改善人体的代谢功能，许多类固醇激素可以调节糖代谢和水盐代谢，尤其是一些合成类固醇激素有很好的调节作用，其作用更显著。其中，皮质酮属于肾上腺分泌的一种糖皮质激素。本实验发现，慢性疲劳综合征中学生类固醇生物合成降低，这与该代谢通路中的关键差异代谢物皮质酮含量减少有关。已有研究证明，慢性疲劳综合征患者皮质酮含量下降是由于其下丘脑–垂体–肾上腺轴功能紊乱所致[3]。皮

[1] CARLSTEDT–DUKE J，ERIKSSON H，GUSTAFSSOM J A. Tht steroid/thyroid hormone receptor family and gene regulation[J]. Journal of Steroid Biochemistry，1990，35（3/4）：515.

[2] 程伊洪. 类固醇激素的生物合成[J]. 生命的化学，1990（5）：36–38.

[3] WHEATLAND R. Chronic ACTH autoantibodies are a significant pathological factor in the disruption of the hypothalamic-pituitary-adrenal axis in chronic fatigue syndrome，anorexia nervosa and major depression[J]. Medical Hypotheses，2005，65（2）：287–295.

质醇是下丘脑－垂体－肾上腺轴分泌的主要类固醇激素之一，对人体免疫、认知能力、学习能力和记忆能力有影响[1]。因此，慢性疲劳综合征组中学生表现出的记忆力无法集中或者记忆力减退现象可能与下丘脑－垂体－肾上腺轴功能紊乱有关。

与动物模型不同的是，本次研究结果显示了慢性疲劳综合征组中学生另外 4 个代谢系统出现障碍，即精氨酸和脯氨酸代谢、泛酸和辅酶 A 的生物合成、咖啡因代谢、嘌呤代谢。上述 4 个代谢通路中的关键差异代谢物依次为肌酸、泛酸、甲基尿酸、尿酸和黄嘌呤。

肌酸是一种生物营养素。人体内的肌酸主要有两种来源：一种是由精氨酸、甘氨酸和蛋氨酸在肝脏、肾脏和胰脏内合成；另一种是在食物或者营养品中获取，在鱼类和肉类等蛋白质含量高的食物中存在一定量的肌酸[2]。其中 95%的肌酸存在于人体的骨骼肌中，剩余的 5%存在于人体的其他部位。肌酸是精氨酸和脯氨酸代谢的重要产物。肌酸在体内以三种氨基酸合成，而且在肌肉能量代谢中起着重要的作用。首先，它可以不断帮助补充 ATP。因为肌酸是磷酸肌酸的前体物质，而磷酸肌酸在骨骼肌能量代谢中起着能量贮存库的作用[3]，虽然 ATP 是人体能量的直接来源，但是体内的 ATP 储存量极其有限，且机体内 ATP 含量的下降是人体感到疲劳的直接原因，所以当 ATP 的水平下降时，磷酸肌酸便可在肌酸激酶的催化下迅速转变为 ATP，同时释放出肌酸，转换方式为：磷酸肌酸+ADP→ATP+肌酸。其次，肌酸可以改变人体的体成分。大多数的研究认为，短期地补充少量肌酸可以使体重有微量的增加，这是因为肌酸的补充刺激了体内的蛋白质的合成[4]。一些研究人员假设，肌酸首先会刺激细胞内水

[1] KREININ A，BAWAKNY N，RITSNER M S. Adjunctive pregnenolone ameliorates the cognitive deficits in recent-onset schizophrenia: an 8-week，randomized, double-blind, placebo-controlled trial [J]. Clinical Schizophrenia & Related Psychoses，2017，10（4）：201–210.

[2] 杨则宜. 肌酸的补充与运动能力（综述）[J]. 体育科学，2000，20（1）：76–78，93.

[3] BESSMAN S P，GEIGER P J. Transport of energy in muscle：the phosphorylcreatine shuttle[J]. Science，1981，211（4481）：448–452.

[4] ZIEGENFUSS T N，LEMON P W R，ROGERS M E，et al. Acute creatine ingestion：effects on muscle volume，anaerobic power，fluid volumes，and protein turnover[J]. Medicine & Science in Sports & Exercise，1997，29（5）：127.

分的增加，增加细胞的渗透压，并刺激蛋白质的合成，而随后瘦体重和力量的增加可能是由于蛋白质合成增加和体内瘦肉组织增加[1]。最后，肌酸还对人体内的葡萄糖和脂质代谢产生有益影响。厄内斯特（Earnest）等人研究了肌酸使用对人体血脂的影响，结果显示，实验对象中的总胆固醇、甘油三酯和极低密度脂蛋白显著降低。此外，实验还发现，肌酸的使用对降低血糖有一定的作用。这说明肌酸可以降低人体的血脂和增进糖代谢[2]。以上研究表明，相对对照组中学生而言，慢性疲劳综合征组中学生体内肌酸含量较低。慢性疲劳综合征患者常表现出不明原因的疲劳，并且在充分的休息之后得不到缓解，肌肉无力且关节疼痛，运动能力较差，这可能与体内的肌酸不足而导致的能量代谢系统紊乱有关。

长期以来，泛酸被认为是一种“抗应激”的维生素[3]，是辅酶 A 生物合成的重要前体物质，它参与生物体体内的糖代谢、脂肪代谢、蛋白质代谢，也会影响肾上腺皮质的机能和能量代谢。首先，泛酸在体内可以转变成酰基载体蛋白（ACP）或辅酶 A 参与脂肪酸代谢反应。辅酶 A 是生物体内 70 多种酶的辅助因子，约占总体酶量的 4%[4]。在代谢中，辅酶 A 主要作为酰基载体发挥作用，参与糖、脂肪、蛋白质和能量的代谢。它也可以通过修饰蛋白质来影响蛋白质的定位、稳定性和活性。辅酶 A 为活体提供 90%的能量。其次，体内泛酸可影响神经、肾上腺、消化道和皮肤，影响机体抵抗力。此外，泛酸还可以通过促进谷胱甘肽的生物合成来减缓细胞凋亡和损伤[5]。慢性疲劳综合征组中学生运动后体内的泛酸含量显著低于对照组，进而导致其能量代谢水平下降，运

---

[1] BUFORD T W，KREIDER R B，STOUT J R. International Society of Sports Nutrition position stand：creatine supplementation and exercise[J]. Journal of the International Society of Sports Nutrition，2007，271（1）：9046–9053.

[2] EARNEST C P，SNELL P G，RODRIGUEZ R，et al. The effect of creatine monohydrate ingestion on anaerobic power indices，muscular strength and body composition[J]. Acta Physiologica Scandinavica，1995，153（2）：207–209.

[3] 许豪文. 泛酸能否影响人体运动能力?[J]. 中国体育科技，1985（3）：48.

[4] GENSCHEL U. Coenzyme A biosynthesis：reconstruction of the pathway in archaea and an evolutionary scenario based on comparative genomics[J]. Molecular Biology & Evolution，2004，21（7）：1242–1251.

[5] 杨延辉，肖春玲. 泛酸的功能和生物合成[J]. 生命的化学，2008，28（4）：448–452.

动能力降低。由于慢性疲劳综合征患者体内泛酸含量偏低，所以通过它合成的辅酶 A 含量减少，而辅酶 A 含量的减少，则会影响体内的糖、脂肪、蛋白质和能量代谢；此外，泛酸含量异常，同时会影响到体内的神经、肾上腺和消化道，以及机体的抵抗力；而且，由于大量的泛酸在体内堆积，没有促进谷胱甘肽的生物合成，造成谷胱甘肽的合成减少，这会加速细胞凋亡和损伤，增强机体内的氧化应激反应。本研究结果显示，慢性疲劳综合征组的台阶指数显著低于对照组，这可能与其机体差异代谢物肌酸和泛酸显著降低有关，进而导致其精氨酸和脯氨酸代谢、泛酸和辅酶 A 的生物合成受阻。

咖啡因是一种甲基黄嘌呤，是一种中枢神经兴奋剂。其药理作用是影响大脑皮层、延髓和脊髓，刺激心肌，增加呼吸频率和深度，刺激肾上腺髓质释放肾上腺素[1]。咖啡因的代谢物主要有甲基尿酸。咖啡因是人类生活中广泛接触的外源性物质，适度摄入咖啡因有祛除疲劳、兴奋神经的作用。王学锋等人的研究表明，肌肉对咖啡因的敏感性取决于肌节的长度，在运动期间和运动结束时，咖啡因的代谢会增加血浆儿茶酚胺的产生[2]。儿茶酚胺在体内具有至关重要的作用，参与机体内大量的重要代谢过程，可以加强脂肪动员，节省糖原。因此，咖啡因代谢水平可以反映机体对运动刺激的应激能力。本研究结果显示，在进行一次性中等强度的运动后，慢性疲劳综合征组中学生较对照组中学生尿液中的甲基尿酸、黄嘌呤等咖啡因代谢物含量升高，说明慢性疲劳综合征中学生对运动刺激应激能力较强。

尿酸是嘌呤核苷酸的代谢终产物。研究发现，人体嘌呤代谢异常容易导致痛风、高尿酸血症和动脉粥样硬化等代谢性疾病，甚至对肥胖、高血压和高脂血症也有间接影响。在糖酵解系统中，由果糖 –1，6– 二磷酸分解产生的甘油醛 –3– 磷酸不仅作为糖酵解系统的中间代谢物存在，而且还是涉及嘌呤代谢和脂质代谢的重要物质[3]。结果显示，慢性疲劳综合征中学生在运动刺激后出现尿液代谢产物尿酸、黄嘌呤升高的现象，嘌呤代谢增强，同样说明慢性疲

[1] 陈尧，周宏灏. 咖啡因体内代谢及其应用的研究进展[J]. 生理科学进展，2010，41（4）：256–260.

[2] 王学锋，田玫. 咖啡因的作用机理及对肌肉代谢和运动能力的影响[J]. 山东体育学院学报，1995（4）：26–31.

[3] 藤森新. 代谢综合征与嘌呤代谢异常[J]. 日本医学介绍，2005，26（5）：210–211.

劳综合征中学生对运动刺激应激能力较强。

将所得结果及相关通路总结为中学生慢性疲劳综合征的代谢通路图，见图 5–20。

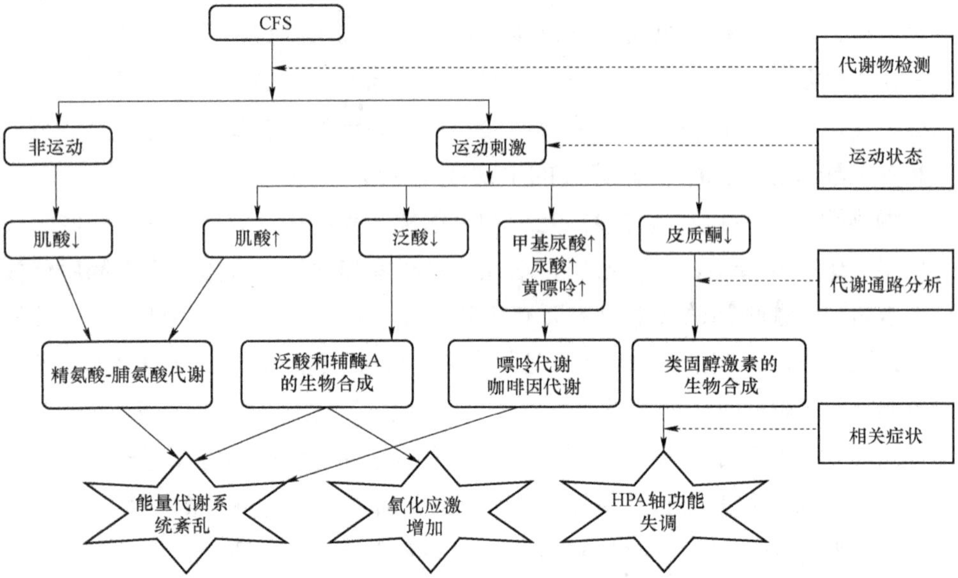

图 5–20　中学生慢性疲劳综合征代谢通路图

5 小　结

综上所述，精氨酸和脯氨酸代谢紊乱与慢性疲劳综合征代谢紊乱机制相关，除此之外，在给慢性疲劳综合征中学生施加一个中等强度的运动后，能够检测出另外 4 个代谢通路障碍，也就是类固醇激素的生物合成障碍、泛酸–辅酶 A 的生物合成障碍、咖啡因代谢紊乱和嘌呤代谢紊乱。这说明在对慢性疲劳综合征中学生施加一个运动刺激后，能够检测到更多的慢性疲劳综合征潜在的生物标记物及其相关的代谢通路，这为进一步探索慢性疲劳综合征中学生的生理和病理机制提供了理论依据。

本研究所反映的结果与慢性疲劳综合征概念中患者经常感到不明原因的持续疲劳，主要表现为记忆力下降、运动后身体不适或疲劳、头晕头痛、睡眠障碍、精神萎靡、肌肉酸胀、关节疼痛和一些其他的身体症状，即使通过充分的休息调整还是无法缓解疲劳感的症状相符，也与前期动物实验中发现慢性疲劳综合征会造成类固醇激素的合成及能量代谢紊乱相吻合。本研究通过动物实验及人体实验，对于慢性疲劳综合征的生物学机制进行深入探讨，这将为慢性疲劳综合征的诊断、生理和病理过程的认识，以及后续的治疗提供更加可靠的依据。

附录1

中学生慢性疲劳综合征问卷

一、基本情况

1. 你的姓名：_____；你的年级和班级：________；联系电话：_________

2. 你的性别：　（1）男　（2）女

3. 你来自哪里？（1）城市　（2）农村

二、疲劳定性

4. 你最近感到疲劳吗？

（1）还行吧

（2）有明显的疲劳

（3）有明显的疲劳，并持续 3 个月以上

5. 你的疲劳经过休息后能恢复吗？

（1）睡一觉起来就不累了

（2）休息后也累

三、疲劳定量

6. 最近你的注意力和记忆力：

（1）正常

（2）明显下降

（3）明显下降，并持续 3 个月以上

7. 最近你的咽部：
（1）正常
（2）明显疼痛
（3）明显疼痛，并持续3个月以上
8. 最近你的腋窝：
（1）正常
（2）明显疼痛
（3）明显疼痛，并持续3个月以上
9. 最近你的肌肉：
（1）正常
（2）明显疼痛
（3）明显疼痛，并持续3个月以上
10. 最近你的关节：
（1）正常
（2）明显疼痛
（3）明显疼痛，并持续3个月以上
11. 最近你的头：
（1）正常
（2）明显疼痛
（3）明显疼痛，并持续3个月以上
12. 最近你的睡眠：
（1）正常
（2）睡起来也累
（3）睡起来也累，并持续3个月以上
13. 运动后：
（1）休息一会就不累了
（2）当天很累，睡一晚就好了
（3）第二天依然很累

四、影响因素

14. 最近3个月，你的学习负担：

（1）能应付　（2）有点重　（3）非常重

15. 你一般晚上几点睡觉？

（1）10：00左右　（2）11：00左右　（3）12：00左右

16. 你一般早上几点起床？

（1）5：00左右　（2）6：00左右　（3）7：00左右

17. 你的睡眠质量：

（1）不错　（2）多梦　（3）经常失眠

18. 你的父亲：

（1）性格温和，理解我

（2）性格冷漠，不理解我

（3）性格急躁，有时会打我

19. 你的母亲：

（1）性格温和，理解我

（2）性格冷漠，不理解我

（3）性格急躁，有时会骂我

20. 你和同学的关系：

（1）好

（2）与个别人有小矛盾

（3）与个别人有严重矛盾

21. 你和老师的关系：

（1）好

（2）关系一般

（3）和个别老师关系紧张

22. 你每周运动多少次?

（1）不运动

（2）1～2次

（3）3次以上

23. 每次运动多长时间？

（1）30 min 左右

（2）1 h 左右

（3）2 h 左右

24. 你经常参加的体育项目是：________

五、体质测试（填入你的成绩，没有参加的项目不用填）

25. 你的体质测试总成绩：

（1）确实能够达标　　（2）严格来说，锻炼后才能达标

26. 你的单项成绩和是否及格请如实填入下表。

	身高/cm	体重/kg	肺活量/mL	50 m 跑/s	坐位体前屈/个	立定跳远/m
成绩						
是否及格						

	引体向上（男）/个	1 000 m 跑（男）/min	1 min 仰卧起坐（女）/个	800 m 跑（女）/min
成绩				
是否及格				

附录 2

变量赋值表

变量	变量赋值
性别	男生 =1，女生 =2
最近感到疲劳吗	还行 =1，有明显疲劳 =2，有明显疲劳，并持续 3 个月以上 =3
休息后能否恢复	睡一觉起来就不累 =1，休息后也累 =2
注意力和记忆力	正常 =1，明显下降 =2，明显下降，并持续 3 个月以上 =3
咽部	正常 =1，明显疼痛 =2，明显疼痛，并持续 3 个月以上 =3
腋窝	正常 =1，明显疼痛 =2，明显疼痛，并持续 3 个月以上 =3
肌肉	正常 =1，明显疼痛 =2，明显疼痛，并持续 3 个月以上 =3
关节	正常 =1，明显疼痛 =2，明显疼痛，并持续 3 个月以上 =3
头	正常 =1，明显疼痛 =2，明显疼痛，并持续 3 个月以上 =3
睡眠	正常 =1，睡起来也累 =2，睡起来也累，并持续 3 个月以上 =3
运动后	休息一会就不累了=1，当天很累 =2，第二天依然累 =3
学习负担	能应付 =1，有点重 =2，非常重 =3
起床时间	早晨 5：00 左右 =1，早晨 6：00 左右 =2，早晨 7：00 左右 =3
睡觉时间	晚上 10：00 左右 =1，晚上 11：00 左右 =2，晚上 12：00 左右 =3
睡眠质量	不错 =1，多梦 =2，经常失眠 =3
父亲性格	温和 =1，冷漠 =2，急躁 =3
母亲性格	温和 =1，冷漠 =2，急躁 =3
同学关系	好 =1，与个别人有小矛盾 =2，与个别人有严重矛盾 =3
师生关系	好 =1，关系一般 =2，与个别老师关系紧张 =3
每周运动次数	不运动 =1，1～2 次 =2，3 次以上 =3
每次运动时间	30 min 左右 =1，1 h 左右 =2，2 h 左右 =3
体测成绩等级	优秀 =1，良好 =2，及格 =3，不及格 =4

附录 3

主观体力感觉等级量表

主观感觉	RPE 等级	心率/（次·min^{-1}）
根本不费力	6	60
极其轻松	7	70
	8	80
很轻松	9	90
轻松	10	100
	11	110
	12	120
有点吃力	13	130
	14	140
吃力	15	150
	16	160
非常吃力	17	170
	18	180
极其吃力	19	190
力竭	20	200